Peter tom Suden

Vergütung in Steuerkanzleien

Peter tom Suden

Vergütung in Steuerkanzleien

Gehalt mit Excel Tools und vielen
Beispielen richtig bestimmen

Bibliografische Information der Deutschen Nationalbibliothek
Die Deutsche Nationalbibliothek verzeichnet diese Publikation in der
Deutschen Nationalbibliografie; detaillierte bibliografische Daten sind im Internet über
<http://dnb.d-nb.de> abrufbar.

1. Auflage 2009

Alle Rechte vorbehalten
© Gabler | GWV Fachverlage GmbH, Wiesbaden 2009

Lektorat: RA Andreas Funk

Gabler ist Teil der Fachverlagsgruppe Springer Science+Business Media.
www.gabler-steuern.de

Das Werk einschließlich aller seiner Teile ist urheberrechtlich geschützt. Jede Verwertung außerhalb der engen Grenzen des Urheberrechtsgesetzes ist ohne Zustimmung des Verlags unzulässig und strafbar. Das gilt insbesondere für Vervielfältigungen, Übersetzungen, Mikroverfilmungen und die Einspeicherung und Verarbeitung in elektronischen Systemen.

Die Wiedergabe von Gebrauchsnamen, Handelsnamen, Warenbezeichnungen usw. in diesem Werk berechtigt auch ohne besondere Kennzeichnung nicht zu der Annahme, dass solche Namen im Sinne der Warenzeichen- und Markenschutz-Gesetzgebung als frei zu betrachten wären und daher von jedermann benutzt werden dürften.

Umschlaggestaltung: KünkelLopka Medienentwicklung, Heidelberg
Druck und buchbinderische Verarbeitung: Krips b.v., Meppel
Gedruckt auf säurefreiem und chlorfrei gebleichtem Papier
Printed in the Netherlands

ISBN 978-3-8349-1131-5

Vorwort

Aus der Praxis, aus vielen Kontakten und Gesprächen mit Berufskollegen und ihren Mitarbeitern ist dies Buch vornehmlich aus Diskussionen mit Kanzleiinhabern und -mitarbeitern entstanden, die jeden Morgen wieder am Schreibtisch antreten, den Tag neu beginnen, sich durch ihr Tagesgeschäft arbeiten und am Tagesende feststellen, dass sie alles taten, um auftretende Probleme zu lösen, leider aber nicht die Zeit fanden, über eine Gestaltung der Prozesse in Ihrer Kanzlei nachzudenken. Wie es ihnen dabei geht, weiß ich genau.

Ohne die Hilfe und Geduld meiner Frau Anke hätte ich sicher nicht die Kraft und Zeit gefunden, mich an dieses Thema zu setzen. Für ihren Beitrag hierzu sage ich: Danke! Ein Gleiches gilt auch für meinen Sohn Jan, der in vielen stundenlangen Diskussionen über Zielfindung und Zielerreichung dazu beigetragen hat, mir die Bedeutung von exakter Positionierung und genauer Kursbestimmung noch deutlicher zu machen. Auch dafür sage ich: Danke!

Alle Excel-Tabellen, welche im Buch genannt werden, finden Sie zudem zum Download auf www. gabler-steuern.de. Wer also beim Lesen gern die Tabellen parallel sehen oder bearbeiten möchte, kann diese auf seinem PC aufrufen. Die Tabellen sind auch für „Nicht-Excel-Freunde" geschrieben. Sie erklären sich von selbst. Rechen- und Programmierarbeit habe ich dem Leser weitgehend abgenommen. Eine Verlinkung der Tabellen habe ich zunächst unterlassen, damit das System nicht zu komplex wird.

Peter tom Suden, im Oktober 2008

Inhaltsübersicht

Vorwort		5
Inhaltsübersicht		7
§ 1	Die Idee zu diesem Buch	11
	A. Personalführung, oder: Probleme und Lösungen	11
	I. Interessengegensätze	11
	II. Pygmalion-Effekt	11
	III. Mitarbeiterreaktionen	12
	IV. Führungsreaktionen	13
	V. Führungsgespräche	13
	VI. Führungserfolg	14
	VII. Führungseigenschaften	15
	VIII. Die Macht des Positiven	15
§ 2	Notwendigkeit definierter Ziele	19
	A. Motivation	19
	I. Mögliche finanzielle Sondervergütungen	19
	II. Allgemeine Hinweise zur Mitarbeitermotivation	20
	III. Fazit	21
	B. Leistungsmessung	21
	I. Leistungsmessung und -dokumentation	22
	II. Leistungserfassung und Mitarbeiterbeurteilung	22
	III. Kanzleileitbild	23
	C. Leitlinien der Führung	23
	D. Notwendigkeit von Stellenbeschreibungen	23
	E. Von der Vision zum Ziel	24
	I. Planvolles Handeln	24
	II. Werkzeuge: von der Idee zum Plan	26
§ 3	Planungshilfen	32
	A. Vorbemerkung	32
	I. Allgemein	32
	II. Balanced Scorecard	33
	III. Résumée	34
	B. Berichtswesen	35
	I. Monatsbericht	35
	II. Statusbericht	39
	III. Hilfmittel zur Gestaltung des Statusberichts: MindMap	39
	C. Berechnung der Abschlagszahlung	40
§ 4	Zielfindung	42
	A. Technische Einflüsse	43
	I. Digitalisierung des Buchungsstoffes	43
	II. Herausforderung Personalmanagement	43

	B. Hilfsmittel Nutzwertanalyse	45
§ 5	Budget	48
	A. Budget als Leitlinie auf dem Weg zur Zielerreichung	48
	B. Zielvereinbarung und Messung der Zielerreichung der Mitarbeiter	49
§ 6	Mitarbeitergespräche	50
	A. Grundsätzliches	50
	I. Standardisiertes Mitarbeitergespräch	53
	II. Messung der Zielerreichung für diesen Mitarbeiter	53
	III. Informationen zur Stellenbeschreibung für diesen Mitarbeiter, Bewertung	54
	IV. Einordnung in die Kanzleiziele	55
	V. Einordnung des Mitarbeiters	56
§ 7	Erste Schritte zur leistungsorientierten Vergütung	60
	A. Wie ist die aktuelle Situation in der Praxis zu verbessern?	60
	I. Mitarbeiter-Portfolio	60
	B. Stärken und Schwächen	63
	I. Feststellungen	64
	II. Schlussfolgerungen	65
§ 8	Erfolgsfaktor Mandantenzufriedenheit	67
	A. Fremdbild und Eigenbild	67
	B. Fragebogen-Einsatz	67
	C. Motivatoren vs. Hygienefaktoren	72
	D. Hilfsmittel Motivationsbilanz	73
	E. Bilanzverbesserung durch strukturierte Gespräche	74
	I. Gesprächsführung	75
	II. Gesprächsstruktur	75
	III. Individuelle, persönliche Ziele des Mitarbeiters	75
	IV. Zielansteuerung	76
§ 9	Mitarbeiterbefragung ist Motivation	77
	A. Mitarbeiterbogen, praktische Durchführung	77
	B. Auswertung	78
	C. Diskussion	78
§ 10	Wie sieht effektive Kommunikation aus?	83
	A. Wahr ist, was ankommt!	83
	B. Bündelung der Kommunikation	85
	C. Kommunikation praktisch	85
	D. Aufgaben des Sitzungsleiters	86
	I. Vorbereitung	86
	II. Durchführung	86
	III. Nachbereitung	87

§ 11	Kanzleiziele und -strategien	88
	A. Zielfindung, oder: Strategien und Ableitung	88
	I. Absatzplan, Umsatzplan	91
	II. Zieltabelle	93
	III. Zielverfolgung	93
	B. Umweltfaktoren	94
	C. Umsetzung	95
§ 12	Vergütung nach Leistung – ein Ansatz	96
	A. Ergebnismessung	96
	B. Erwartung der Mitarbeiter	97
	C. Gehaltsgerechtigkeit? Gerechte Vergütung?	98
	I. status quo	99
§ 13	Chancen und Risiken	101
	A. Einführung neuer Vergütungsmodelle	101
	I. Geringes Fixum	101
	II. Kein oder nur ein geringes Fixum	102
	III. Monatliches Fixum; Erfolgsbeteiligung pro Jahr oder pro Quartal	102
	B. Balanced scorecard als Werkzeug	103
	C. Modellierung	106
§ 14	Erfolgreiche Zielvereinbarung	111
	A. Wirkung von Zielvereinbarungen	112
	I. Deckblatt	113
	II. Kanzleiziele	114
	III. Persönliche Ziele	115
	IV. Erfolgsbeteiligung	117
	B. Stellenbeschreibungen	119
§ 15	Steuerung der Zielannäherung	121
	A. Berichtswesen	121
	I. Monatsbericht Mitarbeiter	121
	II. Monatsbericht Teamleiter	122
	III. Bericht für Betriebsversammlung Kanzlei	122
	IV. Erfolgreich kommunzieren – Ziele erreichen	123
	B. Jahresgespräche mit den Mitarbeitern, Leistungsbewertung	141
§ 16	Führungsgrundsätze	149
	A. Vorbild Kanzleileitung	152
	B. Gestaltung des Wandels	152
	C. Motivationsfaktoren	152
	I. Lob	152
	II. Mandantenorientierung	153
	III. Umgang mit Reklamationen	153
	IV. Ziele und Strategien sind Führungsinstrumente	153
	V. Wirkweise von Zielvereinbarungen	153

	VI. Kontinuierlicher Verbesserungsprozess	154
§ 17	Zukunft der Büroarbeit	155
	A. Schlaglichter	155
	B. Welche Entwicklung nehmen die Kanzleiarbeitsplätze und -methoden?	155
	I. Mehr Flexibilität	155
	II. Was sind die Treiber der Entwicklung?	156
	III. Festanstellung vs. Projektarbeit	156
	IV. Kooperation in Netzwerken	157
§ 18	Schlusswort	159

§ 1 Die Idee zu diesem Buch

A. Personalführung, oder: Probleme und Lösungen

In einer gut geführten Steuerkanzlei sind den Mitarbeitern die Ziele der Kanzlei bekannt. Sie haben sich die Ziele zu eigen gemacht, weil die Kanzleiziele von Kanzleileitung und Mitarbeitern gemeinsam entwickelt wurden. Die Beratungsanforderungen der Mandanten werden als Kanzleiaufgabe gesehen und als Teamleistung aufgefasst. Im Mittelpunkt des Bemühens steht die Zufriedenheit des Mandanten. So sollte es sein. Wären die Ziele der Kanzlei und der Mitarbeiter stets die Gleichen, gäbe es keine Motivationsprobleme.

I. Interessengegensätze

Es gibt naturgemäß Interessengegensätze zwischen der Kanzlei als Arbeitgeber und den Mitarbeitern als Arbeitnehmer, die sich in Vergütungsfragen und in Gestaltungsfragen zum Arbeitsumfeld abbilden. Die Herstellung und Aufrechterhaltung von hoher Motivation und Identifikation der Mitarbeiter mit der Kanzlei ist eine ständige Aufgabe der Kanzleileitung. Die Größe der Kanzlei spielt dabei eine untergeordnete Rolle. Wichtig ist die Erkenntnis der Inhaber, dass jeder Anstellungsvertrag mit Mitarbeitern immer unvollständig ist, ja bleiben muss, weil es im Zusammenarbeiten mit Menschen Bereiche gibt, die sich nicht per Vertrag regeln und dann durchsetzen lassen: Motivation und Leistung. Beides sind Erfolgsfaktoren, aber eben keine Güter, deren Produkteigenschaften definiert sind. Im Streitfall kann keiner der Beteiligten vor Gericht ziehen und Motivation oder Leistung mit Erfolg herbeiklagen oder bestreiten.

Eine schnell vorgenommene Unterteilung in „gute" und „schlechte" Mitarbeiter ist wenig zielführend. Sind Schlechtleistungen in einer Kanzlei feststellbar, liegt die Verantwortung nur in wenigen Fällen bei den Mitarbeitern. Diese versuchen in aller Regel, ihre Arbeit bestmöglich zu machen. Wenn es Fehler oder Versagen gibt, dann suchen die wenigsten Vorgesetzen die Ursache bei sich oder in ihrem Führungsverhalten. Doch sehr oft liegt das Problem – und der Schlüssel zu seiner Lösung – genau hier. Rosenthal und Jacobson wiesen in zahlreichen Untersuchungen im Bereich von Schüler-Lehrer-Beziehungen nach, dass sich Erwartungen, Einstellungen, Überzeugungen und Vorurteile des Lehrers, der hier wie ein Vorgesetzter agiert, nach Art einer selbsterfüllenden Prophezeiung auswirken.[1]

II. Pygmalion-Effekt

Als „Minderleister" gering geschätzte Mitarbeiter bestätigen damit die negativen Erwartungen ihrer Vorgesetzten; die Kanzleileitung wiederum sieht sich in ihren Auffassungen und Vorurteilen bestätigt. Dieser Effekt gewinnt ständig an Eigendynamik und wiederholt sich damit. Diese Erwartungsspirale setzt sich unbemerkt in Gang. Auslöser ist oft eine verspätet eingereichte Erledigung oder eine tatsächlich mangelhafte Leistung. Ebenso oft liegt der Grund in einer nur

---

[1] Rosenthal/Jacobson (1971): Pygmalion im Unterricht, Weinheim, Verlag Julius Beltz.

§ 1   Die Idee zu diesem Buch

durchschnittlichen Empfehlung eines neuen Mitarbeiters aus seinen vorhergehenden Arbeitszeugnissen oder in einem durch vorangehende, aus der Situation sich dynamisch entwickelnde Kritikgespräche stammenden belasteten persönlichen Verhältnis der Beteiligten.

5   In jedem Fall vermutet der Vorgesetzte, einen Minderleister in seinem Team zu haben, den er beobachten, anleiten und bis zu einer Entscheidung über die Fortführung des Anstellungsverhältnisses durchschleppen muss. Er stellt sich als Ziel, die Leistungen des Mitarbeiters zu überwachen und damit in seinem Sinne zu steuern, zu verbessern und zu steigern. Der Mitarbeiter wird dies aber schnell bemerken und als mangelndes Vertrauen in seine Loyalität, seine Motivation und seine Leistungsbereitschaft ansehen. Selbstzweifel kommen in ihm auf. Diese führen dann zu Unsicherheiten im Umgang mit Mandanten, Kollegen und Vorgesetzten. Der Mitarbeiter reagiert starr an Vorgaben orientiert und unfähig, eigenverantwortlich im Rahmen seiner Position zu handeln. Sein Vorgesetzter wird daraufhin den Druck nur weiter verstärken und selbst einfachste Aufgaben überprüfen (lassen). Der Mitarbeiter fühlt sich noch unsicherer und noch weniger angenommen als vorher. Seine Leistungskurve sinkt weiter, er hält inzwischen selbst seine Leistungsbeiträge weder für brauchbar noch für erwünscht. Wenn diese Spirale zur Normalität wird, ist das gemeinsame Scheitern von Mitarbeiter und Vorgesetztem in diesem Anstellungsverhältnis unausweichlich.

6   Es ist wichtig, an diesem Beispiel zu erkennen, dass Vorgesetzter und Mitarbeiter beide Prozessbeteiligte sind. Der Vorgesetzte spart zwar Kraft und Zeit, wenn er in einem „Schnellverfahren" seine Mitarbeiter nach „in" und „out" einteilt. Dazu reicht ein einfacher, gefühlter Vergleich der Leistungen der Mitarbeiter. Diese Kategorisierung geschieht normalerweise bereits fünf Tage nach Dienstantritt eines „Neuen". An der Kategorisierung wird im Weiteren festgehalten. Schlechtleistungen aus der Gruppe „in" werden als Ausrutscher, gute Leistungen aus der Gruppe „out" als Zufall wahrgenommen. In aller Regel sind sich die Vorgesetzten der Fehleranfälligkeit solcher Kategorisierungen bewusst; sie erkennen aber nicht, dass die Mitarbeiter spüren, wie sie eingeteilt wurden und dass dies ihr Leistungspotential einschränkt.

III.   Mitarbeiterreaktionen

7   Kommt es zu Kritik, verschließen sich die Mitarbeiter oft. Sie zeigen dann folgende Reaktionen:

- Eingeschränktes Engagement, sowohl emotional aus auch intellektuell
  - Dienst nach Vorschrift
  - Dienst nach Uhrzeit und nicht nach Arbeitsanfall
  - gleichgültige Erledigung der Tagesgeschäfte
- Einschränkung der persönlichen Kontakte zum Vorgesetzten
  - Vermeidung von Gesprächen
  - Ausweichen bei Zusammentreffen
- Zurückhaltung, um die Situation wenigstens zu halten
  - notwendige Fragen zu erteilten Aufgaben unterbleiben
  - Kommentare zu vorgefundenen Arbeitssituationen, die zu einer Änderung nötig wären, werden unterlassen
- Abwehrhaltung in Diskussionen

A. Personalführung, oder: Probleme und Lösungen

- Zuwiderhandlungen gegen Anordnungen
  - insbesondere bei untergeordneten Regiearbeiten
- Widerstand

Hierunter leidet alles und jeder: der Mitarbeiter, der Vorgesetzte, das Mandat und der Mandant, die Kanzlei, die Kollegen des Mitarbeiters. Die Folge: Der Mitarbeiter erzielt keine Erfolge und die Kanzlei hat nichts von ihm. Der Vorgesetzte arbeitet sich fest mit Kontrolltätigkeiten, die er erledigt, obwohl seine Zeit dazu zu kostbar ist. Er weiß, dass hierbei Deckungsbeiträge verloren gehen und fühlt sich selbst unwohl. Ihm fehlt Energie für seine eigentlichen, wichtigen Aufgaben. Das führt zu Frustration. `8`

IV. Führungsreaktionen

Als vermeintlicher Ausweg werden dann Aufgaben vom „Minderleister" abgezogen und auf andere Mitarbeiter übertragen, da die Aufgaben ja erledigt werden müssen. Mandantenbuchhaltungen können nicht warten, Einspruchsfristen müssen ebenso eingehalten werden wie Fristen zur Aufstellung von Jahresabschlüssen. Die nun höher belasteten Kollegen des „Minderleisters" können, auch wenn sie belastungsstark und erfolgreich sind, diesen erhöhten Anforderungen nicht lange standhalten. Es kommt zu allgemeinem Unwohlsein innerhalb des Teams oder der Belegschaft, es wird „geredet", es gibt erhöhten Abstimmungsbedarf. All das kostet Zeit und Energie. Das Arbeitsklima ändert sich, es wird zusehends frostiger. `9`

Hat der „Minderleister" seinerseits auch Mitarbeiter, so bekommen diese nun den geballten Zorn der anderen zu spüren. Sie tragen schwer an den Umständen, wenn ihr Vorgesetzer den ihm auferlegten Druck weiterreicht. `10`

Derlei Probleme kennt jeder Praktiker aus eigenem Erleben. Sie sind unerfreulich, aber lösbar. Der Anfang ist gemacht, wenn es gelingt, ein Problembewusstsein dahingehend zu erreichen, dass es um <u>Zusammenarbeit</u> in der Kanzlei geht und dass die derzeitige Situation eine eigene Dynamik entwickelt hat, die unterbrochen werden muss. Vor allem muss der Vorgesetzte sich eingestehen, dass er selbst Teil des Problems ist. Daran anschließend muss sich ein Gespräch mit dem Mitarbeiter ergeben mit dem Ziel, eine Einsicht in die Situation herzustellen, teure Kontrollmaßnahmen abzubauen und eine Verbesserung der Leistung des Mitarbeiters durch klar kommunizierte und vereinbarte Ziele zu erreichen. Dieses Gespräch muss von beiden gut vorbereitet werden. `11`

V. Führungsgespräche

Um ein solches Gespräch und eine solche Zielbestimmung herbeizuführen, sollten einige Voraussetzungen erfüllt sein. In einer derartigen Situation sollten Gespräche möglichst an einem neutralen Ort geführt werden. Das Büro des Vorgesetzten ist ungeeignet, weil sich hier schon vielfach unangenehme Gespräche abspielten. `12`

In einem ehrlichen Dialog sollte der Vorgesetzte seine Hoffnungen in die Zukunft ausdrücken, und die Leistung des Mitarbeiters, die Rolle des Chefs und das Verhältnis zwischen beiden Beteiligten – und nur diese sollten das Gespräch führen – in Ruhe besprechen. Schon im Vorfeld sollte auch gesagt werden, dass beide für die Situation gemeinsam verantwortlich sind. Im Gespräch sollten beide einen Vermittlungsversuch sehen und im Hinblick auf die Symptome des Problems übereinstimmen. Die Beurteilung der Situation sollten beiderseits mit Fakten hinterlegt sein. `13`

Der Mitarbeiter sollte seine Stellung und sein Engagement verteidigen können, seine Leistungen aus seiner Sicht darstellen und sie auch mit anderen vergleichen dürfen. Wichtig ist, dass er angehört und ernst genommen wird. Nur so ist eine Verbesserung der Lage möglich.

14 Sind die Schwächen gemeinsam erarbeitet, gehen beide Gesprächsteilnehmer auf Ursachensuche. Dabei sollte der Vorgesetzte sein eigenes Verhalten gegenüber dem Mitarbeiter thematisieren und erkennen, wie er damit die Leistung des Mitarbeiters beeinflusst. Auch der eingangs zitierte Pygmalion-Effekt hilft bei der Erklärung und Versachlichung.

15 Daran anschließend sollten sich beide über die weitere Zukunft des Beschäftigungsverhältnisses klar werden im Sinne von: Will ich, dass das Beschäftigungsverhältnis weitergeführt wird? Will ich aktiv an einer Verbesserung der Lage arbeiten? Dazu ist ein Plan zur Behebung der zuvor ermittelten Probleme erforderlich. Darüber hinaus wird eine Strategie benötigt, wie Schwächen, Wissenslücken, Eingewöhnungsprobleme, Erfahrungen und persönlicher Umgang miteinander verbessert werden können. Unbedingt sollte klar sein, welche Art von Kontrolle nach diesem Gespräch in welchem Umfang noch ausgeübt wird und bei welcher Gelegenheit von wem aus zu berichten ist. Das Ziel dabei ist, dass der Mitarbeiter sich weiter entwickelt, seinen Leistungsbeitrag verbessert und keiner übermäßigen Vorgesetztenbetreuung mehr bedarf. Weiß der Mitarbeiter, dass die zeitweise Beteiligung seines Chefs an seiner Arbeit ihm helfen und dabei auch weniger werden soll, kann er sie leichter annehmen.

16 Abschließend sollen beide vereinbaren, künftig offen und ehrlich und mit allem gebotenen Respekt miteinander zu verkehren.

17 Niemand führt gern Auseinandersetzungen dieser Art. Es mag vordergründig eine Alternative sein, nicht den oben beschriebenen Dialog, sondern ein Gespräch zur Ermutigung und Ermahnung des Mitarbeiters zu führen. Das ist aber keine echte Alternative, weil damit bestenfalls die Symptome behoben werden. Zudem würde keine Gemeinsamkeit hergestellt, weder in der Problemerkenntnis noch in der Problembehebung oder im Bereich der Verantwortung. Ein solch einseitiges Gespräch mag leichter zu führen sein, es besteht aber die große Gefahr des Aneinandervorbeiredens und weiter die Gefahr, dass der Mitarbeiter nach diesem Gespräch mit der Situation weiterhin nicht umgehen kann oder mag, deshalb erneut scheitert und dabei das soeben in ihn gesetzte Vertrauen des Chefs erneut enttäuscht. Damit ist die Spirale nur einmalig kurz angehalten. Sie dreht sich dann weiter, und zwar schneller und in die vorherige Richtung.

VI. Führungserfolg

18 Der ernstgemeinte Versuch einer Unterbrechung der Spirale einer sich selbst erfüllenden Prophezeiung ist lohnend und sollte auch als Investition betrachtet werden. Natürlich hängt der Erfolg von beiden Beteiligten und ihrem ehrlichen Bemühen ab. Ist der Mitarbeiter in der Lage und gewillt, seinen Teil beizusteuern? Kann der Chef Zeit und Energie aufbringen und erträgt er auch erneute Misserfolge? Die Chance liegt für beide in der Verbesserung. Im besten Fall erhält der Arbeitgeber einen hoch engagierten, leistungsbereiten Mitarbeiter, insgesamt sinkt die Fehlerquote der erbrachten Leistungen und das Betriebsklima verbessert sich, weil die Mitarbeiter sehen, dass ihr Chef sich für sie auch engagiert, wenn es mal nicht so gut läuft.

19 Und wenn es doch nicht klappt? Dann fühlt sich der Mitarbeiter immerhin gerecht behandelt. Auch das ist dem Betriebsklima zuträglich. Es ist dann auch einfacher, eine gemeinsame Lösung zu finden wie Versetzung oder Auflösung des Beschäftigungsverhältnisses. Denn in dem Fall ist

A. Personalführung, oder: Probleme und Lösungen

der Mitarbeiter am falschen Platz oder im falschen Unternehmen. Bei vorher fairem Umgang kann eine konsequente Änderung der Lage – selbst durch Lösung des Beschäftigungsverhältnisses – auch für den Mitarbeiter nur von Vorteil sein.

VII. Führungseigenschaften

Am besten ist es, einen Pygmalion-Effekt gar nicht erst aufkommen zu lassen. Vorgesetzte, denen das gelingt, haben bestimmte Eigenschaften, die sie im Umgang mit Mitarbeitern einsetzen:

- Sie verzichten auf Einschränkungen und Entmutigungen, sind bei Kritik immer authentisch.
- Sie pflegen gerade bei neuen Mitarbeitern regelmäßig Kontakt und besprechen dabei auch, aber nicht nur die Leistung. Die Frequenz dieser Kontakte mindern sie kontinuierlich, wenn sie sehen, dass der Mitarbeiter in das Unternehmen hineinwächst.
- Sie hinterfragen ihre Ansicht über die ihnen zugeordneten Mitarbeiter und vermeiden vorschnelle Klassifizierungen. Sie führen regelmäßige Beurteilungsgespräche.
- Sie schaffen atmosphärisch gute Bedingungen und eine offene Gesprächskultur. Ihre Mitarbeiter dürfen auch mit Fehlleistungen zu ihnen kommen. Die Mitarbeiter „beichten" dann nicht, sondern initiieren eine Fehlerbehebung.

VIII. Die Macht des Positiven

Unsere Gesellschaft ist eine Kritikgesellschaft. Zeitungen, Radio und Fernsehen überhäufen uns mit schlechten Nachrichten und Katastrophen. Skeptiker sind geistvoll, Toleranz ist eine naive Geisteshaltung. Schon in der Schule werden uns unsere Fehler aufgezeigt und wir lernen uns darauf zu konzentrieren, diese zu berichtigen und nicht noch einmal zu begehen. Fehler suchen wir überall: im Entwurf für das neue Beratungskonzept; im Gespräch mit dem Kollegen; im zur Durchsicht vorgelegten Jahresabschluss des Mandanten; bei unseren Partnern oder Kindern. Obwohl wir uns selbst nach Lob und Anerkennung sehnen, suchen wir nicht zu allererst nach dem Guten allein, was uns erreicht. Hierzu einige Fakten:

- 68 % der deutschen Arbeitnehmer geben auf Anfrage an, nur noch Dienst nach Vorschrift zu machen
- 20 % der deutschen Arbeitnehmer haben „innerlich bereits gekündigt"

Quelle: Gallup-Institut

- 56 % der deutschen Arbeitnehmer fühlen sich von ihren Vorgesetzten persönlich oder fachlich „nicht geschätzt"

Quelle: Stepstone

- 60 % der deutschen Arbeitnehmer fühlt die eigene Leistung im Beruf durch Arbeitgeber und Kollegen nicht ausreichend gewürdigt

Quelle: Hans-Böckler-Stiftung

Verkürzt könnte man sagen: In deutschen Unternehmen – und dazu gehören auch die Kanzleien von Steuerberatern – wird nicht so gelobt, dass die Mitarbeiter sich wertgeschätzt fühlen. Und das, obwohl

- Gratifikationslücken hohe Krankenstände fördern

§ 1 Die Idee zu diesem Buch

■ 90 % der deutschen Arbeitgeber der Überzeugung sind, Lob und Anerkennung fördere die Leistungsbereitschaft ihrer Mitarbeiter am besten

Quelle: Weissmann & Cie., Nürnberg

Die Frage: Loben oder nicht? ist nicht eindeutig zu beantworten. Positive Botschaften lösen Freudegefühle aus und beflügeln bei der weiteren Arbeit. Dieser sog. „Milka-Effekt" ist überall zu erkennen, wo Lob authentisch gegeben wird. Und genau hierin steckt das Problem, welches die andere Seite der Betrachter vorbringt. Lob sei zudringlich, eine ständige Quelle der Infantilisierung und stelle sogar eine Beleidigung dar, wenn es von falschen Leuten vorgetragen werde. Reinhard Sprenger, Management-Coach aus Zürich, rät generell vom Lob ab. Es berge Gerechtigkeitsprobleme in sich, führe im Weiteren zu Passivität bei den nicht Gelobten und zu einer Belohnungssucht mit immer höherer Befriedigungsschwelle bei den Gelobten.

Es zeigen sich Gräben zwischen den Ansichten, schroffe Kanten der Kommunikation und Untiefen des Menschseins. Lob ist ambivalent, Lob ist die hohe Kunst der Kommunikation. Der Neurobiologe Henning Scheich vom Leibniz-Institut Magdeburg rechnet Lob zu den stärksten psychoaktiven Stimulantien. Das Anspringen auf eine Belohnung führt beim Menschen zu einer Ausschüttung von Endorphinen. Ein gelungenes Lob führt den Empfänger ins reine Glück. Lernen gelang seinen gelobten Probanden weit besser als jenen, die mit Fehlerhinweisen und Korrekturen bedacht wurden. Eine Rüge verknüpft der Mensch im weiteren Geschehen mit Angst.

Die Lobrede, das Enkomion, war in der Antike die Krönung der Rhetorik. Es formulierte aber auch stets einen Anspruch, eine Erwartung an die Zukunft. Gelobt wurden – bis in die Renaissance hinein – nur hochgestellte Personen. Erst mit Entdeckung des Individuums und der Entwicklung der Pädagogik wurden Lob und Tadel als Erziehungsinstrumente eingesetzt. Mit Aufkommen einer antiautoritären Erziehung ist allerdings der Begriff des Tadels fast verschwunden. Den Begriff des Lobes hingegen gibt es noch und die Menschen sind geradezu versessen auf Lob, weil sie alle zueinander, so Th. Ruster, Theologe an der Uni Dortmund, in scharfem Wettbewerb stehen. Lob kann authentisch verstanden – dann werden ähnliche Leistungen wie die gelobte in Zukunft bereitwilliger und gründlicher erbracht – oder als manipulativ erkannt werden – das wirkt dann kontraproduktiv. Psychologen verweisen hierzu auf das „Meyer-Paradigma". Wer für eine Leistung erkennbar übermäßig gelobt wird, reagiert mit Missfallen, er fühlt sich verdummt. Die sog. extrinsische Motivation – das Lob eben als Anreiz von außen – untergräbt in einem solchen Fall den eigenen Antrieb, die sog. intrinsische Motivation. Beim Lob kommt es auf vieles an: Wie wann durch wen und bei welcher Gelegenheit gelobt wird, ist entscheidend. Eine Überhäufung mit blindem, unverdienten Lob ist verheerend für die Motivation der Mitarbeiter und wird von ihnen auch schnell als Manipulation durchschaut. Lob, welches auf die Fähigkeiten der Mitarbeiter und nicht auf ihre Anstrengungen und Strategien zielt, ist zu global und wird ohne Wirkung verpuffen. Mitarbeiter wollen spezifisch gelobt werden; erhalten sie Lob für ihre Fähigkeiten und nicht für ihren Einsatz, dann entwickeln sie Ängste vor anspruchsvollen Aufgaben. Sie fürchten, zu versagen; sie verlieren Zuversicht, sobald eine Aufgabe sich als schwierig herausstellt. Wer hingegen positive Reaktionen für seine Bemühungen erhält, beweist mehr Ausdauer und Freude an der Arbeit.

Mitarbeiter müssen ein Lob auch annehmen können. Selten zeigen wir echte Freude über ein Lob, öfter spielen wir unsere Leistung herunter mit einem: „Ist doch selbstverständlich" oder mit der grammatikalischen Fragwürdigkeit „Da nicht für". Möglicherweise ist es Bescheidenheit, vielleicht aber auch die Erkenntnis, dass das Lob „nicht passt", zum Beispiel

A. Personalführung, oder: Probleme und Lösungen

- „Unglaubliche Leistung, Herr Meier, ganz ganz großartig".
- „Ok, kann man so nehmen".
- „Wie schön, dass auch Sie das so sehen können".
- „Wirklich, Sie haben sich sehr bemüht um die Sache".
- „Das ist ja mal wieder toll".
- „Nehmen Sie sich bitte alle ein Beispiel an Ihrer Kollegin".
- „Gut, gut".
- „Genau so hätte ich das auch gemacht".
- „Endlich sieht mal jemand, was hier los war".
- „Na also, geht doch prima".

Solche Sätze sind kein Lob, bestenfalls sind sie dumm dahergesagt. Sie belohnen niemanden, aus ihnen klingt keine Wertschätzung, ja nicht einmal Respekt. Es geht besser ohne solche Aussagen.

Vorwürfe und Fehlerfeststellungen lassen sich oft leichter benennen als Gelingen und Erfolg. Weil sich das Positive nicht schnell und einfach benennen lässt, ist Loben eine Kunst, deren Ausübung Fertigkeiten und Erfahrung braucht. Was nicht gut ist, sehen wir sofort; was gut ist, erschließt sich erst später. Auf gut bayrisch gilt der Satz: „Ned g'schimpft is a scho g'lobt". Übersetzt bedeutet dies: „So lange alles gut läuft, gibt es keinen Grund, irgendetwas zu bemängeln. Also sage ich nichts dazu". Damit erhält man bestenfalls einen Zustand aufrecht, Weiterentwicklungen sind damit nicht möglich. Kreativität und besondere Leistungen verlangen eine gute Arbeitsatmosphäre.

Wenn Mitarbeiter ernst genommen werden, sie mit Ihrer Leistung erkennbar Wertschätzung erfahren, steigt die Wertschöpfung. Allerdings erhalten Team- und Gruppenleiter sowie Abteilungsleiter nur selten Lob, dafür erhalten sie Druck von allen Seiten: von unten, von oben und aus dem Kollegenkreis. Wie sollen sie da loben können? Sie fürchten das Lob könne den Mitarbeitern zu Kopf steigen und es bestehe die Gefahr gesteigerter Vergütungsforderungen sowie konkurrierendem Verhalten Untergebener. Um sich jedoch als Führungskraft weiter zu entwickeln, ist es wichtig, souverän und authentisch loben zu können. Wirklichen Erfolg erzeugen die Vorgesetzten, die es verstehen, in Wünschen zu sprechen und die die Großzügigkeit ebenso zeigen können wie Dankbarkeit gegenüber den Mitarbeitern. Sie signalisieren damit innere Stärke und Unabhängigkeit, was von den Mitarbeitern gewünscht wird. Sie wollen Vertrauen in die Stärke ihres Chefs setzen können.

Als Vorgesetzter sollte man nicht darauf warten, Lob zu erhalten. Statt dessen sollte man alle Freiräume nutzen, um Lobenswertes zu schaffen. Das kann jeder ebenso lernen wie die Kunst des Lobens. Dazu braucht es die richtige Haltung und das bewusste Annehmen des Anderen. Lob, das ehrlich daherkommt, gerecht ist und genau beschreibt, individuell ist und getragen von Respekt, dazu noch sensibel mit der Situation umgeht, überwindet den Gegensatz von extrinsischer und intrinsischer Motivation. Die Wirkungen beider treffen und addieren sich. Dabei bestimmt immer der Empfänger die Botschaft. Wahr ist, was ankommt. Der Gelobte entscheidet selbst, ob er einem Lob traut oder nicht. Wenn eine Bemerkung ehrlich gemeint ist und so auch vom Empfänger aufgenommen wird, kann selbst Kritik eine Form von Lob sein – ist es doch ein Zeichen für eine echte Auseinandersetzung mit dem und ein hohes Interesse am Anderen. Wer kritisiert, zeigt eben auch Interesse. Die Regeln für Lob sind selbsterläuternd:

- Authentizität macht den Unterschied! Auf sog. strategisches Lob sollte verzichtet werden.

§ 1 Die Idee zu diesem Buch

- Der gelobten Person auf Augenhöhe begegnen! Auch Chefs können eine neutrale Sachebene finden. Gönnerhaftigkeit ist fehl am Platz.
- Lob soll beschreiben. Wenn daraus auch die Kompetenz des Lobenden „in dieser Sache" hervorschaut: um so besser!
- Lob soll transparent, von anderen anerkannt und moralisch richtig sein. Es soll auch den Richtigen treffen. Wenn der zu lobende Erfolg ein Ergebnis von Zusammenarbeit ist, dann sollen auch alle gelobt werden.
- Lob sollte immer hörbar, also vor Zuhörern, geäußert werden; Kritik hingegen besser im Zwiegespräch.
- Ein vergleichendes Lob ist tabu! Lob soll individuell sein. Die Menschen sind nun einmal ungleich und dem einen fällt eine bestimmte Aufgabe schwer, dem anderen leicht. Wer also sollte das größere Lob erhalten, wenn die Sache gelungen ist?
- Lob muss immer ohne Einschränkung daherkommen. Eine Verbindung mit einer wie auch immer gearteten oder gemeinten Kritik vergiftet das Lob und macht es ungenießbar.
- Lob muss immer sofort erfolgen. Es darf nicht aufgewärmt und dann erst übermittelt werden. Und es muss dem Anlass angemessen sein.

Die Welt wird lebenswerter, wenn wir uns positiv ausdrücken. Wolfgang Stabentheiner, Management-Coach beim Management Centrum Schloss Lautrach brachte es einmal auf den Punkt: Es ist immer besser, sich positiv auszudrücken. Wer sagt, was er will, bekommt, was er will. Wer sagt, was er nicht will, bekommt, was er nicht will. Ein ehrliches Lob hat das Potential zur Veränderung. Es schafft Situationen, in denen es nur Gewinner gibt. Das ist doch ein ausreichender Grund, sich dem Thema Motivation zuzuwenden.

§ 2   Notwendigkeit definierter Ziele

A.   Motivation

Von Motivation handelt dieses Buch. Hauptthema ist die leistungsorientierte Vergütung in Steuerkanzleien. Vergütungsprobleme sind vor allem Motivationsprobleme sowie unklar definierte und/oder kommunzierte Ziele. Auch dazu wird in diesem Buch manches zu lesen sein. Es gibt viele Ratschläge für eine motivierende Vergütung in Form von finanziellen Anreizen. Das ABC der Sondervergütungen neben dem Gehalt ist groß. Sie sind für unterschiedliche Hierarchiestufen unterschiedlich zu gestalten.

I.   Mögliche finanzielle Sondervergütungen

Folgende Zusatzbestandteile könnten in Betracht kommen (alphabetisch sortiert):

Abfindung

Einmalzahlung zur Abgeltung von vertraglich vereinbarten Ansprüchen aus vorzeitig aufgelösten Anstellungsverträgen

Antrittsprämie

Wird gezahlt, um Mitarbeiter zum Kanzleiwechsel zu bewegen

Benefits

Nebenleistungen, etwa Firmenwagen, Umzugshilfen, aber auch Pensionsregelungen wie etwa entgehaltsabhängige Zusagen

Bonus

Auch Prämie oder Tantieme genannt. Variable Barvergütung, die zusätzlich zum Festgehalt gezahlt wird. Für die Kanzleileitung zumeist vollkommen ergebnisorientiert. Mit absteigender organisatorischer Positionierung nehmen andere Bemessungskriterien wie die individuelle Leistung zu.

Bonuscap

Vertraglich festgelegte Begrenzung der Boni bei nicht vorhergesehenen Entwicklungen

Inhaber-Bindungs-Klausel

Klausel, die im Falle eines Eigentümerwechsels das Recht zusichert, zu kündigen und trotzdem eine im Voraus vereinbarte Abfindung zu erhalten.

Bei Berufsträgern nach § 58 StBerG; Übernahme beruflicher Versicherungen

Übernahme der Prämie der Berufs-Haftpflichtversicherung für Nebentätigkeiten

10 Endgehaltsabhängige Pensions-Zusage

Verpflichtung der Kanzlei, dem Mitarbeiter im Alter einen bestimmten Prozentsatz seines letzten Gehalts monatlich zu überweisen. In den allermeisten Fällen verbunden mit Gehaltsverzicht und Prämierung einer Rückdeckungsversicherung.

11 Grundvergütung

Alle fest garantierten Vergütungsbestandteile, die monatlich oder jährlich gezahlt werden, also etwa auch garantierte Leistungszulagen

12 Langzeit-Anreize

Langfristige Anreizsysteme, etwa Beteiligungen an der Kanzlei oder Gehaltsbestandteile, die als Mitarbeiter-Darlehn bis zu einem Stichtag einbehalten, sehr gut verzinst und gesichert werden und die den dauerhaften Wertzuwachs der Kanzlei belohnen.

13 Mittelfristige Anreize

Wie Langzeit-Anreize, die auf zwei- bis dreijähriger Kanzleientwicklung beruhen. Sie können sowohl Boni wie auch andere Sonderleistungen enthalten.

14 Kurzfristige Anreize

Kurzfristige Anreizsysteme, etwa Boni, die das Erreichen von Unternehmens-, aber auch persönlichen Zielen belohnen. Das Bemessungsintervall ist in der Regel ein Jahr.

15 Übergangsgeld

Befristete Vergütung, die nach vorzeitiger Vertragsbeendigung weitergezahlt wird. Sie wird überwiegend mit nachvertraglich weiter bezogenen Gehältern verrechnet.

16 Variable Vergütung

Oberbegriff für alle Barvergütungen, die vom Erreichen eines festgelegten Ziels abhängig sind, also Boni, Aktienoptionen usw. Gegenteil ist die Grundvergütung.

II. Allgemeine Hinweise zur Mitarbeitermotivation

17 Alle diese Vorschläge gehen davon aus, dass es die Mitarbeiter in der Kanzlei nötig haben, mit besonderen Anreizen motiviert zu werden, ja, dass sie eigentlich gar keine Lust haben, gut zu arbeiten. Armin Falk[1], Professor für Volkswirtschaftslehre an der Universität Bonn und zudem Leiter des von Professor Reinhard Selten gegründeten Laboratoriums für experimentelle Wirtschaftsforschung, wies in zwei Laborexperimenten nach, dass das Problem komplexer Natur und damit einfachen Lösungen nicht zugänglich ist. Echte Anreize sind nur psychologische Motive wie Fairness, Vertrauen, sozialer Vergleich und soziale Anerkennung. Fairness erhöht die Effizienz. Im Laborexperiment wurde ein bestimmter Lohn gezahlt und es dem Arbeitnehmer überlassen, hierfür die aus seiner Sicht angemessene Leistung zu erbringen. Eine eindimensionale Betrachtung würde zu dem Schluss führen, dass der Mitarbeiter aus Gründen der eigenen Ökonomie die ihm geringstmögliche Leistung abgeben und es für den Arbeitgeber folglich keinen Anlass geben würde, eine hohe Vergütung zu zahlen. Im Experiment wurden faire Vergütungen aber mit hohen Leistungen der Mitarbeiter beantwortet. Stieg die Vergütung, stieg auch das Leistungsniveau, der Arbeitgeber hatte aus der Leistung einen höheren Deckungsbeitrag.

---

1 Wirtschaftswoche Nr. 11/ 2008 Seite 54.

Die Fairness der Vergütung bezog dabei auch andere weiche Faktoren wie soziale Anerkennung 18
oder Entscheidungsfreiheit und selbstbestimmtes Arbeiten ein. Falk wies nach, dass Misstrauen
die Leistungsbereitschaft mindern kann. Im Laborversuch wurden die Handlungsspielräume der
Mitarbeiter eingeschränkt oder liberalisiert. Aus engen Arbeitsvorgaben wie Anwesenheitskont-
rolle, strikt vorgegebener Prozessgestaltung, Kontrolle von Arbeitsabläufen empfingen die Mitarbeiter Misstrauenssignale, die sie in ihrer Leistungsbereitschaft beschränkten. Nach der Hypothe-
se des optimierten Eigennutzes hätte durch strikte Arbeitsbestimmungen ein opportunistisches
Verhalten verhindert werden sollen. Das ist jedoch nicht gelungen, denn die Mitarbeiter nahmen
die Vorgaben als Leistungskontrolle und deuteten dies als Misstrauen und Unsicherheitssignale
für den eigenen Arbeitsplatz.

III. Fazit

Mitarbeiterführung, und dazu gehört auch die Findung einer leistungsorientierten Vergütung, 19
sollte diese Ergebnisse einbeziehen und die Mitarbeiter mit Respekt behandeln. Anstelle von rein
monetären Anreizen bei Erreichen von eindimensionalen Schwellen scheint es sinnvoller, Freiräume zu schaffen, Verantwortung zu übertragen, Vertrauen zu geben. Das setzt voraus, dass gemeinsam die Kanzleiziele, die Gruppenziele und auch die Einzelziele erarbeitet und angesteuert
werden. Auch hierzu finden sich praxiserprobte Lösungsvorschläge. Eine sich an der erbrachten
Leistung orientierende Vergütung erscheint als Ideallösung zur Abgeltung geleisteter Arbeit. Beide Seiten sind zufrieden: Eine sich an der erbrachten Leistung orientierende Vergütung erscheint
als gerecht. Der Arbeitnehmer, weil er seine gute Leistung honoriert bekommt, der Arbeitgeber,
weil er für erkennbar gute Leistung eine gute Vergütung zahlt und damit die Leistung des Mitarbeiters lobt, anerkennt, wertschätzt und den Mitarbeiter motiviert. Soweit in Kurzform die The-
orie. Natürlich wünscht sich jeder für eine gute Leistung einen guten Lohn. Das gilt für Mitarbeiter von Steuerkanzleien und auch für die Chefs und Inhaber, überhaupt für alle, die von ihrer
Arbeit leben. Damit trifft es auch auf die Mandanten und deren Mitarbeiter zu. Von diesen soll
nachstehend aber nicht die Rede sein, obgleich vieles, was hier ausgeführt wird, auch Mandanten
nützlich wäre.

B. Leistungsmessung

Die Einführung eines Vergütungssystems unter Berücksichtigung der individuell erbrachten Leis- 20
tungen und Erfolgsbeiträge des einzelnen Mitarbeiters ist eine große Herausforderung. Zweifellos
ist sie mit Widerständen und vielleicht auch Ängsten der Mitarbeiter verbunden. Auf die muss
unbedingt eingegangen werden. Zu allererst aber ist es eine klare Zieldefinition für die Kanzlei.
An deren Formulierung sollten die Mitarbeiter beteiligt sein, um sich anschließend auch nach ihr
auszurichten. Die Zielbestimmung ergibt ein Regelwerk, nach dem sich die Kanzlei richten soll.
Eine Unterteilung in Oberziele, Zwischenziele und Unterziele ist möglich.

Gewinn und Liquidität stehen bei Zieldefinitionen an erster Stelle, weil sie zwingende Vorausset- 21
zung für weiteres Wirtschaften sind. Aus ihnen lassen sich Erfolgskenngrößen wie Produktivität,
Wirtschaftlichkeit, Umsatzrentabilität und Return-on-Invest ableiten. Ziele müssen messbar sein
und auch genau so formuliert werden:

- Zielinhalt
- Zeitbezug

§ 2   Notwendigkeit definierter Ziele

■ Ausmaß; Messgröße.

> *„Wir wollen unseren Umsatz (= Zielinhalt) in einem Jahr (= Zeitbezug) um 5 %
> (= Ausmaß) steigern."*

22   Die Herausforderungen in diesem Planabschnitt heißen Zielfindung, -formulierung, -erfüllung. Ein funktionierendes System einer leistungsorientierten Vergütung hängt von der Akzeptanz der Mitarbeiter ab. Diese müssen **vereinbarte** Ziele haben, erfüllen und den Erfüllungsgrad messen lassen. Das geht nur, wenn auftretende Konflikte offen angesprochen und gemeinsam, nicht unbedingt konsensuell, gelöst werden. Dazu kann z.B. die von Mitarbeitern vor allem kleiner und mittlerer Kanzleien oft ungeliebte Leistungserfassung herangezogen werden. Ohne diese aber geht es schlicht nicht.

I.   Leistungsmessung und -dokumentation

23   Jede Kanzlei muss ihre Leistungen an den Mandanten nachvollziehbar dokumentieren. Nur diese Dokumentation setzt die Kanzlei in die Lage, ihre Honorare überhaupt zu erheben. Wesentliches Merkmal ist die Leistungserfassung. Sie gibt einen Überblick über die erbrachten Leistungen und die dabei verbrauchten Ressourcen. In die Honorarberechnung fließen ausschließlich die erbrachten Leistungen ein. Die verbrauchten Ressourcen hingegen setzen die Kanzlei in die Lage, die Wirtschaftlichkeit der erbrachten Leistung, des gesamten Leistungsportfolios ebenso zu beurteilen wie die im einzelnen Mandat erzielten Deckungsbeiträge. Natürlich lassen sich mit einer Leistungserfassung auch die Produktivitätszahlen einzelner Mitarbeiter ermitteln. Hauptziel einer Leistungsaufzeichnung ist und bleibt jedoch der Nachweis der erbrachten Leistung zur Abrechnung, gefolgt von Kennzahlen über die Wirtschaftlichkeit des Mandats und des Auftrags.

24   Die Leistungserfassung ist auch im Falle einer Leistungsstörung sehr wichtig. Die Kanzlei muss, ggf. noch Jahre später, Auskunft geben können, wer wann welchen Rat an den Mandanten gab und warum bzw. auf Basis welcher Daten. Dies kann nicht vom Wollen oder Nichtwollen einzelner Kanzleimitarbeiter abhängen, die zum Zeitpunkt, in dem der Nachweis dringend notwendig wird, vielleicht schon längst ausgeschieden sind.

II.   Leistungserfassung und Mitarbeiterbeurteilung

25   Mit den Zahlen einer Leistungserfassung lassen sich auch Mitarbeiterbeurteilungen erstellen. Das ist jedem Mitarbeiter bekannt. Die Mitarbeiter in Kanzleien arbeiten dauernd mit Zahlen und sind nicht dumm. Sonst wären sie nicht in der Kanzlei. Wie man Zahlen und Ergebnisse zum Ziel führt wissen sie genau. Wenn sie also das Gefühl empfinden, die Leistungserfassung sei vor allem eine Art indifferente Produktivitätskontrolle, dann werden sie die Zahlen so gestalten, dass sie dabei bestmöglich aussehen. Auch das spricht für einvernehmlich getroffenen Vereinbarungen. Damit wird dieses Problem elegant umgangen, denn die Produktivität des einzelnen Mitarbeiters ist eine von mehreren sehr verschiedenen Leistungsvereinbarungen, die für das laufende Jahr auf Mitarbeiter und auf Team- oder gar Abteilungsebene getroffen werden. Ist dem Mitarbeiter bewusst, dass seine Leistung nach der Erreichung gemeinsam vereinbarter, messbarer Ziele erfolgt, ist eine „gestaltete" Leistungsdokumentation nicht mehr das, was der Mitarbeiter anstrebt.

III. Kanzleileitbild

Die Einführungs eines Vergütungssystems ist umfangreich, verspricht aber am ehesten Erfolg. 26
Grössere Kanzleien sind gut beraten, vorher ihr Unternehmensleitbild gemeinsam mit den Mitarbeitern zu diskutieren, ggf. zu ändern und dann schriftlich nieder zu legen. Kleinere Kanzleien sollten das auch tun, aber sie brauchen dazu weniger Formalismus. Dieser Schritt muss deshalb ganz am Anfang stehen, weil sich daraus die Logik aller anderen Maßnahmen ergibt.

Das Leitbild sollte eine klar gegliederte, langfristige Zielvorstellung des Unternehmens „Kanzlei" 27
darstellen und erläutern, mit welchen Strategien die vorgestellten Ziele erreicht werden sollen. Das Leitbild dient

- der Orientierung: Dazu beschreibt es Werte, Normen, Regelungen,
- der Integration: Es vermittelt ein „Wir-Gefühl" und bestimmt damit den Umgang aller miteinander,
- der Entscheidungsfindung: Es beschreibt Entscheidungsspielräume im Tagesgeschäft und auch in Ausnahmezuständen,
- der Koordinierung aller Aktivitäten.

Ein Leitbild für die Kanzlei vereinheitlicht das Verhalten aller im Mandat und macht das Verhalten überprüfbar. Widerstände, Überschneidungen oder Regelungslücken in den Prozessabläufen 28
werden minimiert.[2]

C. Leitlinien der Führung

Danach braucht es – völlig unabhängig von der Grösse der Kanzlei – Führungsleitlinien. Wenn es 29
die noch nicht gibt, besteht bei den Mitarbeitern schnell der Eindruck, Entscheidungen würden „nach Gutsherrenart" oder „weil Madam es so will!" getroffen. Derlei Entscheidungen werden so gut wie nie von der Belegschaft akzeptiert.

Ein leistungsabhängiges Vergütungssystem muss sich an <u>vereinbarter</u> **und** gemessener Leistung 30
ausrichten. Es gibt nur eine Kanzleiform, die hierauf verzichten kann: der absolute „Einzelkämpfer". Alle anderen brauchen festgelegte Regeln des Umgangs miteinander. In diesem Buch findet sich ein Beispiel für Führungsleitlinien in der Kanzlei.

D. Notwendigkeit von Stellenbeschreibungen

Anschließend braucht man Stellenbeschreibungen für <u>jede</u> Stelle, auch für die Sekretärin und für 31
die das Kanzlei-Rechnungswesen bearbeitende Schwiegertochter oder Ehefrau des Chefs. Stellenbeschreibungen sind wichtig für die später zu führenden Zielgespräche. Die Frage, ob das auch für eine kleine Kanzlei wichtig oder ob das nicht vielleicht unnützer Fomalismus oder Überorganisation ist, kann an dieser Stelle beantwortet werden: Eine Stellenbeschreibung ist Teil des Anstellungsvertrags und der Zielvereinbarung. Sie regelt Rechte, Pflichten, Kompetenzen, Über- und Unterstellungen und erspart damit viele spätere, unnütze Diskussionen. Eine Frage der Kanzleigrösse ist das nicht. Heute sind viele kleine Kanzleien mindestens so erfolgreich wie große. Sie leiden nur nicht so sehr an der Komplexität des Personalmanagements, ohne das es in einer großen Kanzlei

---

2 Christian Richter: „Der authentische Manager".

nicht geht. Gemeint sind damit Einrichtungen wie Betriebsrat, Kantine, Mandanten- und Aufgabenmanagement, Meetingkultur und Ähnliches, was sich in einer großen Kanzlei alles findet und ohne die große Kanzleien ganz einfach nicht funktionieren. Auch hierzu finden sich im Folgenden Muster, die sich im Praxisalltag bewährt haben.

E. Von der Vision zum Ziel

I. Planvolles Handeln

32 Der Zeitbedarf der Vorbereitungsarbeiten wird bei etwa 3 Wochen liegen. Zeit also, Zwischenfragen zu beantworten wie: Wozu mache ich das eigentlich? Was kommt dabei für mich und für meine Mitarbeiter, aber auch für meine Familie heraus? Was soll künftig dabei heraus kommen? Anschließend folgt die Ausarbeitung der Zielbestimmung für die Kanzlei. Das heißt: Man benötigt eine Absatz- und Umsatzplanung. Diese muss man nicht en famille diskutieren, wenn einem das nicht liegt. Aber: Daraus folgt eine klare Einteilung in A, B und C-Mandate, manchmal mit erstaunlichen Ergebnissen. Es ergeben sich Absatz- und Umsatzziele und man lasse sich künftig leiten von: Liquidität vor Gewinn vor Umsatz!!

33 Das entspricht auch den Standesregeln. Nur eine gut geführte Kanzlei kann den ratsuchenden Mandanten die beste Beratung geben.

34 Nach schriftlicher Festlegung dieser Ziele ist die Frage nach Strategie und Taktik zu beantworten. Die Kanzleiziele sind definiert; mit welcher Strategie werden sie angesteuert, welche Taktiken unterstützen die strategische Arbeit? Das hat auf den ersten Blick wenig bis nichts mit leistungsabhängiger Vergütung zu tun. Aber nur eine Kanzlei, die sich motivierende, machbare und messbare Ziele setzt, ist auch für gute Mitarbeiter interessant. Diese müssen wissen, was von ihnen erwartet wird. Und da geht es nicht ohne Strategie.

Jahresumsatz Mdt (Werte in Euro)	Lohn			FiBu			Jahresabschluss			private Steuern			Untern.Beratung			Rechtsberatung			Summe		
	Anzahl	Honorarvolumen	Personalkosten	Anzahl	Honorarvolumen	Personalkosten	Anzahl	Honorarvolumen	Personalkosten	Anzahl	Honorarvolumen	Personalkosten	Anzahl	Honorarvolumen	Personalkosten	Anzahl	Honorarvolumen	Personalkosten	Anzahl	Honorarvolumen	Personalkosten
unter 50.000				5	4.000	2.950	15	20.000	10.750	80	17.500	9.900							100	41.500	23.600
50.000 - 200.000	5	2.750	1.750	10	14.000	9.900	20	42.500	22.000	150	30.000	14.850	2	1.000	1.000				187	90.250	49.500
200.000 - 350.000	5	3.250	2.100	10	19.000	12.100	20	47.500	24.750	10	15.000	5.500							45	84.750	44.450
350.000 - 500.000	20	12.500	7.900	20	47.500	30.250	25	62.500	28.600	8	17.500	7.700							73	140.000	74.450
500.000 - 1.000.000	15	15.000	9.250	15	47.500	30.250	20	65.000	33.000	2	10.000	4.200	5	7.500	4.050	5	3.750	2.750	62	148.750	83.500
1 Mio - 2,5 Mio	10	4.500	3.200	10	40.000	24.750	15	60.000	27.500				5	9.000	4.850	5	3.750	2.750	45	117.250	63.050
2,5 Mio - 5 Mio	1	2.000	1.000				2	22.500	9.900				1	7.500	3.750	1	7.500	4.400	5	39.500	19.050
5 Mio bis 10 Mio	1	2.500	1.000				2	26.000	12.100				1	7.500	3.950	1	7.500	4.400	5	43.500	21.450
über 10 Mio	1	3.000	1.200				1	19.000	8.250				1	5.000	2.350	1	17.500	7.700	4	44.500	19.500
Summe	**58**	**45.500**	**27.400**	**70**	**172.000**	**110.200**	**120**	**365.000**	**176.850**	**250**	**90.000**	**42.150**	**15**	**37.500**	**19.950**	**13**	**40.000**	**22.000**	**526**	**750.000**	**398.550**

Hinweise zur Tabelle:

Diese Tabelle findet sich, weil eine lesbare Darstellung hier aus Platzgründen nicht möglich ist, im Anhang. Die Größeneinteilung der Mandate könnte an das Sekretariat oder einen erfahrenen Mitarbeiter delegiert werden. In Grenzen gilt das sicher auch für die Ermittlung der Anzahl der Aufträge. Gleichwohl ist der Arbeitseinsatz der Kanzleileitung vonnöten. Die Honorarvolumina und die darauf verwendeten Personalkosten ergeben sich aus der Leistungserfassung der Kanzlei. Für DATEV-Anwender ergeben sie sich z.B. aus „Eigenorganisation classic". Die in der Tabelle farbig abgesetzten Tabellenteile sind selbstrechnend programmiert.

II. Werkzeuge: von der Idee zum Plan

1. Ursache – Wirkungs – Analyse

Sie beantwortet die Frage: „Welche Ursachen sind für die jeweilige Schwachstelle (das Problem) verantwortlich?" Ziel ist die Trennung zwischen wesentlichen und unwesentlichen Einflussgrößen.

Zwei Techniken bieten sich für eine **Schwachstellen-Analyse** (= Problem-Analyse) an: das hauptsächlich als *Gruppenarbeitstechnik* verwendete *„Fishbone-Diagramm" (auch bekannt als ISHIKAWA-Diagramm)* sowie die *„Pareto-Analyse".* Beide Techniken helfen, die Ursachen eines Problems systematisch aufzubereiten, die weitere Diskussion oder Bearbeitung auf wichtige Ursachenfelder zu konzentrieren und damit aus einem Problem Aufgaben und letztlich Lösungen abzuleiten.

4 Schritte sind es bis zum Ziel:

- Schwachstellen- bzw. Fehler-Identifikation
- Ursache-Wirkungs-Diagramm aufstellen
- Ursachenselektion
- Maßnahmeplanung

Die *Ursachengruppen* lassen sich grob in *vier* Kategorien einteilen (sog. 4-M-Technik)

- **Mensch/Aufgabenträger**
- **Maschine**
- **Methode/Information/Kommunikation**
- **Material/Sachmittel**

Die Frage lautet: „Welche Ursache aus dieser Gruppe hat zu dem Problem (der Wirkung) geführt oder könnte dafür verantwortlich sein?"

Natürlich kann man je nach Zielsetzung oder Problem die Ursachengruppen und damit die Sicht auf die Dinge beliebig um weitere Fischgräten erweitern oder verfeinern. Für *organisatorische Probleme* empfiehlt sich eine Einteilung der Ursachengruppen wie folgt (P-A-U-S-I-Methode):

- **Personal/Management**
- **Aufgaben/Methoden/Abläufe**
- **Umwelt**
- **Sachmittel/Material**
- **Information/Kommunikation**

In 5 Schritten geht es zum Ergebnis: Analyse und grafische Darstellung, nämlich:

1. **Schritt:**
   Auswahl möglicher Ursachen erster Ordnung (Ursachengruppen, Hauptäste)
   Als ursprüngliche Ursachengruppen gelten die sog. **4M: Mensch, Maschine, Methode, Material.** Im Grunde ist jede Gruppierung sinnvoll, die etwas Ganzes darstellt.

2. **Schritt:**
   Erfassen, Zuordnung von Ursachen zweiter Ordnung (Einzel- oder Nebenursachen)
   Aus den zum Zeitpunkt der Analyse bekannten Informationen lässt sich eine erste Zuordnung vornehmen. Ergänzungen sind über den Einsatz von Techniken der Kreativitätsfreisetzung möglich. Manche Hauptursachen besitzen eine „natürliche Gliederung" (z.B. beim

Menschen Leistungsmöglichkeit, -bereitschaft, -fähigkeit; geeignet erscheinen nahezu immer die Dimensionen Menge, Zeit, Kosten, Raum und Qualität).

3. **Schritt:**
Bestimmung der wahrscheinlichsten Ursache (zum Teil eher eine Auswahl)
Eine Runde aus betroffenen Mitarbeitern gewichtet sämtliche gefundenen Ursachen und „wählt so diejenigen aus", deren Beseitigung die größtmögliche Wirkung für das angestrebte Ziel verspricht. Das können die betroffenen Mitarbeiter allein tun, die Kanzleileitung hält sich hier möglichst heraus.

4. **Schritt:**
Ermittlung der Zuverlässigkeit der Wahl im vorherigen Schritt
Eine genauere Untersuchung der vermutlich wahrscheinlichsten Ursache durch die Kanzleileitung(mit dem Organisationsgrundsatz: stufenweise Variantenbildung und Ausscheidung) soll die Auswahl der Mitarbeiter bestätigen oder verwerfen; im letzteren Fall geht es zurück zum vorherigen Schritt. Natürlich muss das dann im Kreise der Mitarbeiter begründet werden. Diskutieren sollte man ein Verwerfen von Vorschlägen nur insoweit, als die Gründe dafür dargelegt werden. Die nächste Runde geht dann an die Mitarbeiter, die auf dieser neuen Entscheidungsgrundlage weiter arbeiten müssen.

5. **Schritt:**
Entwicklung von ersten Lösungsvorstellungen
Hier werden Lösungen und Alternativen entwickelt. Dabei wird Unschärfe bewusst in Kauf genommen, um die erarbeiteten Ergebnisse bis zu diesem Zeitpunkt (z.B. Würdigung in einem stets zusammenarbeitenden Qualitätszirkel) unmittelbar weiterverfolgen zu können. Lösungen sollen an der Entstehung nicht dadurch gehindert werden, daß Grenzen im Problemlösungszyklus überschritten werden.

1. Das Fishbone-Diagramm in der Praxis

Der Ursachen-Wirkungs-Zusammenhang kann in **Fishbone-Diagrammen** dargestellt werden. Dabei werden die „Ursachenäste" fischgrätartig angeordnet, um den dynamischen und vernetzten Verlauf der Ursache-Wirkungs-Ketten sichtbar zu machen. Diese Darstellungsart verhindert, dass wichtige Ursachen „vergessen" werden. Die bildhafte Darstellung regt darüber hinaus zu Assoziationen an und hat daher einen hohen Wert für die Freisetzung von Kreativität.

Die im Diagramm angelegte Logik läßt sich natürlich auch mit Metaplan-Karten nachbilden; das Diagramm mutiert dann zu einem „Ursache-Wirkungs-Diagramm mit Karten".

Für jede festgestellte Schwachstelle wird ein eigenes Diagramm aufgestellt. Die Identifizierung von Schwachstellen ist daher Voraussetzung für diese Technik. Bei der Ursachenselektion für die jeweilige Schwachstelle kann die Pareto-Regel, bzw. die ABC-Technik, die Komplexität begrenzen.

Die zentrale Frage für die Anwendung des Fishbone-Diagramms in der Analyse von Ursache-Wirkungs-Zusammenhängen lautet: „Welche Ursache aus dieser Gruppe hat zu dem Problem (der Wirkung, bzw. der Schwachstelle) geführt, bzw. könnte (auch) dafür verantwortlich sein?" Im Fishbone-Diagramm werden mit der Suche nach Antworten auf diese Frage die Hauptursachen, z.B. die organisatorischen Elemente, soweit analysiert, dass Nebenursachen bewusst werden. Es entstehen dann zwangsläufig vernetzte Ursachen-Wirkungsketten.

Beispiel: Feueralarm ging daneben, d.h. Evakuierungsplan im Notfall unzureichend

§ 2 Notwendigkeit definierter Ziele

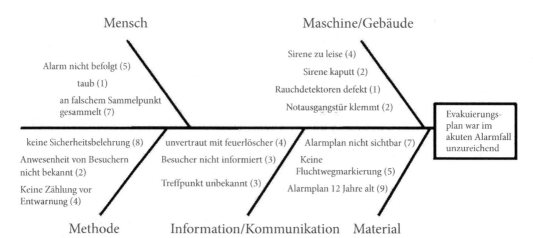

Die möglichen Ursachen werden dann, z.B. mit Hilfe eines Brainstormings (hypothetisch, Erfahrungswerte, Wissen der Teilnehmer) oder durch Erhebungstechnik (Fragebogen, Selbstaufschreibung) ermittelt. Hier ist zunächst Quantität gefragt, je mehr Ideen, desto präziser die Lösung. Danach können die Kriterien nach Anzahl der Nennungen (z.B. im Fragebogen), nach Wahrscheinlichkeit oder Wichtigkeit oder auch mit Hilfe einer Mehrpunktabfrage mit Zahlen versehen werden. Die Zahlen stehen für die Häufigkeit bzw. Wertigkeit der jeweiligen Ursache. Dadurch kann man ein Mengengerüst aufbauen und dieses, evtl. mit einer anderen Methode (z.B. der Pareto-Methode) weiterbearbeiten.

Literaturhinweis:

Ishikawa, Kaoru: Guide to Quality Control. Asian Productivity Organization.

2. Die Pareto-Analyse in der Praxis

Die Pareto-Analyse ist eine sehr einfache und anschauliche Methode zur Trennung zwischen wesentlichen und unwesentlichen Einflußgrößen (nach Vilfredo Pareto, italienischer Sozialwissenschaftler, 1848–1923). Pareto stellte fest, daß 80 % des Wohlstandes der Erde im Besitz von 20 % der Menschheit sind. Dieses Zahlenverhältnis tauchte immer wieder auf, z.B. beim Umsatz (80 % des Umsatzes werden von 20 % der Artikel erbracht) oder bei Fehlern (80 % der Fehler sind durch 20 % der Ursachen bedingt).

Hauptanliegen dieser auch „**80/20-Regel**" genannten Technik ist nun die Isolierung der 20 % Problemursachen, mit denen sich 80 % des Gesamtproblems lösen lassen.

Paretoanalysen können in fast allen Phasen des Problembearbeitungsprozesses angewandt werden:

- als Entscheidungshilfe bei der Projektauswahl
- zur Ermittlung von Schwerpunktursachen
- zur Detailanalyse (durch mehrmaliges Anwenden hintereinander)
- als Entscheidungshilfe bei der Lösungsauswahl
- als Hilfsmittel zur Ergebnisbeurteilung

E. Von der Vision zum Ziel

Methode:
1. Untersuchungsgegenstand und Untersuchungszeitraum zur Gewährleistung einer späteren Vergleichbarkeit festlegen
2. Datenermittlung festlegen
   - Rückgriff auf bereits vorhandene Daten (z.B. aus der Qualitätssicherung)
   - eigene Datenermittlung
     Hier ist die Auswahl einer geeigneten Erhebungsmethode und die Festlegung einer repräsentativen Stichprobengröße erforderlich.
3. Daten ermitteln, ordnen, summieren
   Eine solche Datenermittlung kann z.B. folgendes Aussehen haben:

	Pareto-Analyse	Ungewichtete Datensammlung	
	Untersuchungszeitraum: **Untersuchte Stückzahl**	05.07.07 bis 15.09.07	
	Fehler an:	**Anzahl**	**%**
1	Belegmäßigen Voraussetzungen	198	47,60 %
2	Beleg-Einreichung	25	6,01 %
3	Kontierung/fehlende Kenntniss in der Zurordnung	103	24,76 %
4	Versand	18	4,33 %
5	Faktor-2-Einrichtung	72	17,31 %
Summe		**416**	**100,00 %**

4. ein (ungewichtetes) Paretodiagramm und dazugehörige „Summenkurve" konstruieren

	Pareto-Analyse	Sortierte Datensammlung	
	Untersuchungszeitraum: **Untersuchte Stückzahl**	05.07.07 bis 15.09.07	
	Fehler an:	**Anzahl**	**%**
1	Belegmäßigen Voraussetzungen	198	47,60 %
3	Kontierung/fehlende Kenntnis in der Zuordnung	103	24,76 %
5	Faktor-2-Einrichtung	72	17,31 %
2	Beleg-Einreichung	25	6,01 %
4	Versand	18	4,33 %
Summe		**416**	**100,00 %**

5. **Graphische Darstellung:**
   Die jeweiligen Gesamtsummen des Auftretens der einzelnen Faktoren (in %) werden als Balken nebeneinander in absteigender Reihenfolge in ein Koordinatensystem übertragen.

6. Für die Summenkurve werden die Balken versetzt eingezeichnet. Der zweite Balken setzt am oberen Endpunkt des ersten Balkens an, der dritte am oberen Endpunkt des zweiten u.s.w. Wenn man die **Diagonalen** in den Balken einzeichnet, erhält man die **Summenkurve**.
7. Diese vereinfacht das Ablesen von kumulierten Fehleranteilen, erspart ein ständiges Umrechnen von absoluten Werten in Prozentwerte und verdeutlicht die jeweiligen Anteile der einzelnen Faktoren am Gesamtproblem.
8. Beispiel: ungewichtetes Paretodiagramm

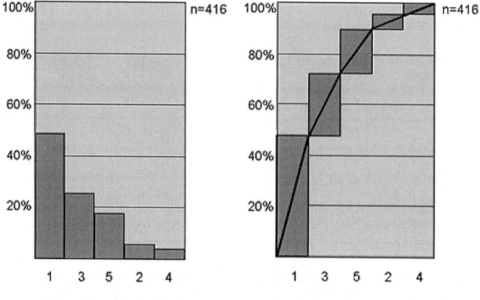

Ungewichtetes Paretodiagramm   Ungewichtetes Paretodiagramm
                                      mit Summenkurve

9. Die Häufigkeit des Auftretens eines Fehlers sagt aber noch nichts über die Bedeutung dieses Fehlers aus (z.B. Kosten). Die Häufigkeitsanalyse sollte daher unbedingt durch eine weitere, **wertende** Analyse (hier: Kostenanalyse) ergänzt werden.
10. Bewertung der einzelnen Faktoren
Um die Bedeutung von Fehlereinflussfaktoren feststellen zu können, müssen diese bewertet oder gewichtet werden. Dies geschieht im Allgemeinen am wirkungsvollsten mit monetären Größen (Fehlerkosten), aber auch andere Kriterien wie Nacharbeitszeit oder Dringlichkeit können diesen Zweck erfüllen.

E. Von der Vision zum Ziel

Beispiel: gewichtete und sortierte Datensammlung

	Pareto-Analyse			Gewichtete Datensammlung		
	Untersuchungszeitraum: Untersuchte Stückzahl:			05.07.07 bis 15.09.07		
	Fehler an:	Anzahl Fehler	%	Fehlerkosten (Stück)	Fehlerkosten (Gesamt)	%
5	Faktor-2-Einrichtung	72	17,31 %	8,27 €	595,44 €	40,01 %
3	Kontierung/fehlende Kenntniss in der Zurordnung	103	24,76 %	5,60 €	576,80 €	38,75 %
1	Belegmäßigen Voraussetzungen	198	47,60 %	1,16 €	229,68 €	15,43 %
4	Versand	18	4,33 %	2,72 €	48,96 €	3,29 %
2	Beleg-Einreichung	25	6,01 %	1,50 €	37,50 €	2,52 %
	Summe	**416**	**100,00 %**		**1.488,38 €**	**100,00 %**

11. Das gewichtete Paretodiagramm und die dazugehörige Summenkurve konstruieren
Die einzelnen Faktoren werden wie in Schritt 3 in absteigender Reihenfolge in das Diagramm eingetragen, allerdings nach dem Kriterium „Höhe der Fehlerkosten", anschließend wird die Summenkurve erstellt. Jetzt stellt sich heraus, welche Fehler die Hauptkostenverursacher sind
Beispiel: gewichtetes Paretodiagramm

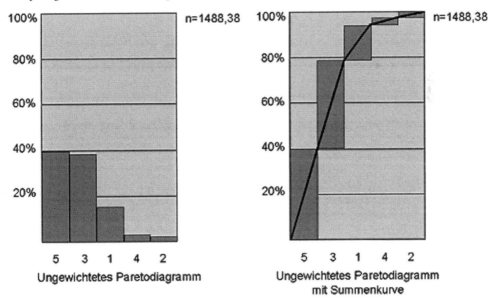

Anmerkung:
Natürlich sind der Phantasie und den Möglichkeiten des Werkzeugs (z.B. Excel) keine Grenzen gesetzt. Ob dreidimensionaler Kuchen oder Balken übereinander, die Hauptsache ist, dass auf einen Blick die Aussage klar wird.

§ 3 Planungshilfen

A. Vorbemerkung

I. Allgemein

1 Aus Absatz- und Umsatzplan leitet sich der Personalbedarfsplan ab. Welche Mitrbeiter habe ich zur Zeit und was können sie? Welche Mitarbeiter brauche ich demnächst und was müssen sie können? Wie kommen sie an diese Kompetenzen heran? Und wirklich erst dann denke man über die Hebung von Effizienzreserven nach. Für die nächsten Monate sollte man mit der Mannschaft zurecht kommen, die zur Zeit an Bord ist. Keine Zugänge, möglichst keine ungeplanten Abgänge. Das wird nicht für ewig so bleiben, denn die Einführung einer leistungsorientierten Vergütung ist mit der Definition von Leistung, mit der Kommunikation von Leistungserwartung, mit Leistungsmessung, mit Widerstand gegen genau diese Maßnahmen und mit interessanten Mitarbeiter-Gesprächen verbunden. Dabei ist diese Tabelle aufschlussreich:

Jahr	Einwohner in Mio.	Anzahl StB inkl. Gesellschaften	Einwohner je StB
1980	61.502	38,721	1.589
1990	79.365	49.291	1.610
2000	82.260	67.901	1.211
2005	82.500	77.020	1.071

Quelle: BStBK; Vereinigungbedingte Steigerungen absolut ausgewiesen

2 Nicht weniger wichtig: Für die Erzeugung von 500.000 € Honorar waren erforderlich:

Jahr	Anzahl Mitarbeiter
1980	18
1990	13
2000	8
2005	6 und weniger

Quelle: Glawe in StBMag 03/2007

3 Der „Markt" unterliegt Schrumpfungstendenzen und die Steuerberater begegnen dem mit einer enormen Steigerung der Effizienz ihrer Kanzleien. Mit Einführung der PC-Technik in den Kanzleien stieg die Produktivität an den Arbeitsplätzen an. Heute, im Jahr 2008, lassen sich aber 2 gegenläufige Tendenzen feststellen:

4 1. Nicht alles, was die Technik hergibt, steigert die Produktivität. Sobald die Nutzung von Schnittstellen entweder zu einer nicht mehr durchschaubaren Prozessfolge führt oder die Prozessgeschwindigkeit herabsetzt, sollte die Komplexität aus den Prozessen selbst dann genommen werden, wenn einige Arbeitsergebnisse später manuell eingearbeitet werden müssen. Dies ist auch mit ein Grund dafür, dass führende Anbieter von Steuerberater-Software jetzt eine stär-

ker prozessorientierte Generation von Programmen einführen wollen. Damit soll eine Reduzierung der Komplexität in der Prozesslandschaft der Steuerberater verbunden werden.

2. Es wird eine Bewegung „aus der kanzleieigenen EDV heraus" zu internetbasierten Systemen geben. Diese bieten eine sehr viel einfachere Einbindung der Mandanten insbesondere in die rechnungswesennahen Prozesse. Das dient sowohl den Mandanten, die Kosten für einfache Erfassungsarbeiten einsparen, als auch den Kanzleien, die ihre Beratungskomponente stärker ausbauen können.

Es wäre sicher schön, wenn dieser Aspekt bei verschiedenen Gesprächsrunden einmal eingehend beleuchtet wird.

II. Balanced Scorecard

Eine Zielplanung, manchmal auch „balanced scorecard" genannt, ist das Ergebnis aus den Mitarbeitergesprächen. Diese wird nun auf die Mitarbeiter „heruntergebrochen". Damit wird klar, warum auch für Sekretariat und Rechnungswesen der Kanzlei Stellenbeschreibungen wichtig sind. Effizienzreserven können sich hier durch ein stringenteres Ablagesystem, die Einführung und Nutzung von standardisierten Arbeitspapieren sowie durch schnelleres Abrechnen und konsequentes Mahnen ergeben. All dies gehört in die Stellenbeschreibung und sollte als Ziel vereinbart werden. Entsprechende Gespräche sollte der Chef selbstverständlich persönlich führen.

Balanced Scorecard	Messgrösse	Messwerkzeug
Finanzen: Wie wollen wir uns für die Kapitalgeber attraktiv machen?		
Umsatz	750.000 €	Auswertung Rechnungschreibung Abgleich mit Rechnungswesen Erlöskonten; Debitoren
Gewinn je nach Inhabervergütung	40.000 €	Rechnungswesen
Umsatz Rechtsberatung	40.000 €	Auswertung Rechnungschreibung Abgleich mit Rechnungswesen Erlöskonten, Debitoren
Umsatz Unternehmensberatung	35.000 €	Auswertung Rechnungschreibung Abgleich mit Rechnungswesen Erlöskonten, Debitoren
Variabler Vergütungsanteil Mitarbeiter	30.000 €	Excel-Tabelle Messung Zielerreichung Verteilung nach MA-Gespräch

Kunden: Wie attraktiv wollen wir für unsere Kunden sein?		
Beurteilung; Gesamtergebnis	< 3.0	jährliche Kundenbefragung
Beurteilung Preis-Leistung	< 3.0	jährliche Kundenbefragung
Anzahl Aufträge Rechtsberatung	15	Auswertung Rechnungsschreibung
Anzahl Aufträge Unternehmensberatung	15	Auswertung Rechnungsschreibung
Unrentable Kunden	< 5	Auswertung Rechnungsschreibung
ungewollte Kundenfluktuation	0	Aufzeichnungen Kanzleileitung
ungewollte Mitarbeiterfluktuation	0	Aufzeichnungen Kanzleileitung

§ 3 Planungshilfen

Prozesse: Wo wollen wir hervorragende Leistungen absetzen/besonders gut sein?		
Beurteilung Erreichbarkeit	< 2.5	jährliche Kundenbefragung
Beurteilung Informations-Qualität	< 3.0	jährliche Kundenbefragung
Beurteilung Termintreue	< 2.5	jährliche Kundenbefragung
Abrechenbare Stunden (Vollzeit-Äquivalent)	> 1.200	Auswertung MA-Leistungserfassung
Aufträge ohne Gewinn	0	Auswertung Rechnungsschreibung
Qualität Arbeitsergebnisse	< 2.5	BWA-Bewertung; JA-Bewertung MA-Gespräch

Mitarbeiter: Aus- und Fortbildung: Wie halten wir die Kanzlei auf die Zukunft ausgerichtet?		
Zufriedenheit der Mitarbeiter	< 3.0	jährliche anonyme MA-Befragung
Beurteilung Kompetenz	< 3.0	jährliche Kundenbefragung
Beurteilung Engagement	< 2.5	jährliche Kundenbefragung
Weiterbildungs-Stunden (Vollzeit-Äquivalent)	> 100	Auswertung MA-Leistungserfassung
Anzahl Verbesserungsvorschläge MA	> 100	Anzahl eingereichter Vorschläge
jährliche MA-Gespräche	100 %	Auswertung MA-Leistungserfassung

8 Sehr wichtig ist die Unterscheidung in qualitative und quantitative Ziele wie Kundenzufriedenheit, %-Satz aus Bankbewegungsdaten erzeugter automatischer Buchungen, Rückgang von General-umkehren um x %, Zuwachs an Mandaten um y %, Umsatzziel z € etc. Jede betriebswirtschaftlich sinnvolle Kennzahl kann hier hin. Zu viele Kennzahlen führen aber zu verflachten Ergebnissen.

9 In diesem Stadium reichen 7 Kennziffern zur Steuerung der Kanzlei, allerdings sind diese von Kanzlei zu Kanzlei unterschiedlich; es können sowohl absolute als auch relative Zahlen sein. Immer sind Umsatz, Personalkosten und Gesamtkosten dabei. Darauf wird die Budget-Planung aufgebaut. Was soll die Kanzlei für welche Geschäftsbereiche ausgeben und wie soll das Ganze gesteuert werden?

III. Résumée

10 Die Kanzleileitung entwickelt in der Folge 2 bis 3 verschiedene mögliche Vergütungssysteme. Das-jenige, was Ihnen am ehesten entgegenkommt, wählen Sie dann aus. Über Alternativen wird mit den Mitarbeitern nicht diskutiert! Entscheiden heißt verzichten. Sie entscheiden. Es ist Ihre Kanz-lei und Ihr Geld. Für die Gerechten unter uns sei ein Blick in Matthäus 20.1 Vers 16 empfohlen. Eine Vergütungsregelung muss nicht gerecht im Sinne der Vergütungsempfänger sein. Sie muss angemessen aus der Sicht des Vergütungszahlers sein. Es gibt verschiedene betriebswirtschaftlich zulässige Ansätze. Diese können auch als Bonus auf den Gesamterfolg, auf den individuellen Er-folg, auf erfolgreich durchgeführte Projekte usw. bezogen sein.

11 Nun können zur Vorbereitung der Mitarbeiter-Gespräche die Zielvereinbarungen in der ge-wünschten Form und mit den gewünschten Themen vorformuliert und vorbereitet werden. Die Gespräche sollten in einer ruhigen Tageszeit angesetzt und störungsfrei gehalten werden. Aus-nahmsweise und mit Einverständnis des betroffenen Mitarbeiters kann dieses nach Kanzlei-schluss oder am Wochenende erfolgen. Das wird nicht jedem Mitarbeiter gefallen oder passen. Seien Sie da flexibel und sagen Sie ihm, dass Sie auf seine Zeitwünsche selbstverständlich einge-

hen, dass aber ein ungestörtes Gespräch auch in seinem Interesse ist. Schließlich nehmen Sie ihn als Mitarbeiter ernst und wollen das Gespräch auch für ihn so effizient wie möglich gestalten. Mit „angenehm" hat das übrigens nichts zu tun.

B. Berichtswesen

I. Monatsbericht

Aus dem Absatzplan der Kanzlei ergibt sich wie von selbst ein Zeitplan der durchzuführenden planbaren Mandantenaufträge und jeder Mitarbeiter sollte einen Monatsbericht erstellen, der Auskunft über seinen individuellen „Stand der Dinge" gibt. Eine kurze Info reicht, (Absatz, Umsatz erzeugt, Umsatz berechnet, Zeitverbrauch, Mandantennutzen, besondere Vorkommnisse). Ein Besinnungsaufsatz wird nicht gewünscht. Der Monatsbericht gibt eine Übersicht über den Stand der Zielerreichung.

❗ Hinweise

Gelegentlich ist von Mitarbeitern oder auch von der Kanzleileitung zu hören: Wir wollen arbeiten und uns nicht selbst verwalten! Genau dies zu erreichen ist auch das Anliegen dieses Buches. Um aber die Absatzleistung der Kanzlei zu verbesssern, muss der Beratungsbedarf der Mandanten bekannt sein. Wer könnte den besser kennen als der zuständige Mitarbeiter. Der weiß aus eigener Anschauung, wo seinen Mandanten „der Schuh drückt". Um das aus der Tagesarbeit gewonnene Wissen der Mitarbeiter von „unten" nach „oben" zu transportieren und um es für spätere Zeiten zu erhalten, braucht es nur 2 – in der Praxis im Allgemeinen vernachlässigte – Maßnahmen:

1. eine konsequente Leistungserfassung (der Begriff Zeitanschreibung ist viel zu seicht) mit kommentierenden Erläuterungen der Mitarbeiter zur Auftragserledigung

2. ein Berichtswesen

Die Einführung von Berichten kostet zunächst ein wenig Zeit. Dies ist aber eine Investition in die Zukunft, denn hieraus ergeben sich Antworten, die die Kanzleileitung auf ihre Fragen dringend braucht:

■ *Wo brauchen die Mandanten Unterstützung?*

■ *Wo brauchen die Mitarbeiter Unterstützung?*

■ *Welche lenkenden Maßnahmen werden zur gesteuerten Zielannäherung erforderlich?*

Es ist dabei wichtig, dass Mitarbeiter und Teamleiter über die erreichten Auftrags- und Mandats-Deckungsbeiträge von sich aus berichten. Dann nämlich sind sie selbst auch sehr interessiert an positiven Ergebnissen; außerdem wird damit klar gestellt, dass nach dem guten Grundsatz „Liquidität vor Gewinn vor Umsatz" gehandelt wird.

Die Jahresziele ergeben sich aus den Zielvereinbarungen den Mitarbeitern und den Teams. Sie werden einmal eingetragen und die Tabelle kann monatlich ohne großen Aufwand erstellt und archiviert werden.

*Die aufgelaufenen Sollzahlen ergeben sich aus den Jahreszahlen der Zielvereinbarung und deren Atmung innerhalb des Jahres. Wer keine „Atmung" in der Tabelle finden will, der setze dort einfach (am Besten per Formel) Jahresziel/ 12 * Monatszahl ein. Die eingefärbten Tabellenteile rechnen sich selbst und auch die Kommentare sind bereits als Formel hinterlegt.*

§ 3 Planungshilfen

19 *Den Berichtsteil einzurichten ist grundsätzlich Aufgabe der Kanzleileitung. In mittelgroßen Kanzleien kann das sicher auch – nach Vorgabe – ein erfahrener Teamleiter oder, falls vorhanden, ein Assistent der Kanzleileitung erledigen. Wichtig ist, dass die Kanzleileitung selbst bestimmt, über welche Punkte sie Berichte haben will und über welche nicht.*

| **Monatsbericht** | Monat | Jahr |
| | März | 2007 |

| **Mitarbeiter** | **Team** |

TOP-Nachrichten

Positiver Deckungsbeitrag bei

Mandant

Mandant

Mandant

Mandant

Mandant

Umsatzsteuer-Sonderprüfung bei Mandant 4714 ohne Beanstandung

Ziele

	Jahresziel	aufgel. SOLL	aufgel. IST	Abweichung	
Finanzen					
Umsatz	75.000 €	18.750 €	17.500 €	-1.250 €	
Gewinn/ DB	3.000 €	750 €	500 €	-250 €	
Kunden					
Interessenten					
Rechtsberatung	10	2	0	-2,00	
Unternehmensberatung	10	2	0	-2,00	
Unrentabel	1	1	2	1,00	Warnung!
Prozesse					
Erreichbarkeit**	2,5	2,5	nn		
BearbZeiten FiBu reduzieren*	10 %	5 %	2 %	-3 %	Woran liegt es?
produktive Stunden*	1.200	300	270	-30	Unter- stunden
Aufträge ohne Gewinn*	0	0	2	2	Warnung!
Ergebnisqualität***	2,5	25	nn		

B. Berichtswesen

Mitarbeiter/Lernen				
Anzahl Verbesserungsvorschläge	10	3	6	
Wirksamkeit Weiterbildung***				
Abschlüsse Mandantengruppe xxx****	2,5	2,5	0,0	-2,5
Steuererklärungen Eheleute yyy****	2,5	2,5	0,0	-2,5
Patenschaft für Azubi Tanja	100 %	100 %	100 %	0 %

* lt. Leistungserfassung

** lt. jährlicher Kundenbefragung

*** lt. MA-Gespräch

**** Fertigstellungsgrad lt. MA

Finanzen

Status und Prognose der nächsten 3 Monate

Unter Berücksichtigung der noch nicht abgerechneten Umsätze für Mandant ABC liegen Umsatz und Gewinn noch im Plan.

Die Jahresziele werden wahrscheinlich erreicht.

Kunden

Status und Prognose der nächsten 3 Monate

Besonderheiten aktueller Aufträge

Jahresabschluss Mandant HIJ ist zu 80 % erstellt. Fehlende Inventur mehrfach angemahnt.

Mandant LMN plant Filialgründung in Rostock.

Abgeschlossene Aufträge

Mandant 4321 Jahresabschluss und Steuererklärungen 2006 inkl. Einreichung Handelsregister

Mandant 8295 Überschussermittlung und Steuererklärungen 2006

Mandant 1122 Einkommensteuererklärung 2006

Interessenten Rechtsberatung

Derzeit kein Bedarf feststellbar; Gespräche laufen eher schwierig.

Interessenten Unternehmensberatung

Derzeit kein Bedarf erkennbar; Nutzendarstellung eher schwierig

Aktivitäten zur Neukundengewinnung

Keine eigenen Aktivitäten

Unrentable Kunden

Bei Mandanten 4711 und 1147 wurden die Grundleistungen neu definiert. Mandant tut sich schwer mit vereinbarungsgemäßer Datenlieferung.

Vom übernächsten Monat an wird sich die Durchlaufzeit und die Bearbeitungszeit der FiBu deutlich mindern und die DB dann positiv ausgehen. Füllen der Lerndateien bei automatischem Buchen noch sehr zeitaufwendig.

Prozesse

Status und Prognose der nächsten 3 Monate

Abrechenbare Stunden

Abweichung stammt aus Urlaub im Januar und aus erhöhtem Schulungsaufwand

zum Unternehmenssteuer-Reformgesetz.

Bis Jahresmitte werden die Kollegenschulungen hierzu abgeschlossen. Die Abweichung kann dann vermutlich wieder eingefahren werden.

Neuorganisation Servicezeiten

Alle Kollegen haben ihre Unterstützung zugesagt. Es wird an einem Dienst- und Vertretungsplan gearbeitet.

Neudefinition Grund- und Zusatzleistungen Finanzbuchhaltung

Die Definitionen sind fertig und befinden sich in der Abstimmungsrunde. Bei Mandanten 4713 und 4715 wurde erfolgreich getestet.

Kollegenschulungen werden bis Jahresmitte erledigt sein. Statt Vorkontierung dann automatisches Buchen.

Alternative: Direkterfassung vom Beleg. Die Bearbeitungszeiten konnten schon gesenkt werden.

Die erreichte Quote ist noch nicht zufriedenstellend.

Maßnahmen Qualität

Die Einführung der BWA-Bewertung trägt Früchte. Die Nacharbeiten gehen zurück und zwar sowohl die unterjährigen als auch die im Jahresabschluss. Soweit Nacharbeiten vom Mandanten ausgelöst wurden, erfolgt nun eine umgehende Information an die Finanzbuchhaltung des Mandanten.

Betriebsprüfungen

Umsatzsteuer-Sonderprüfung Mandant 4714 ohne Beanstandungen

Mitarbeiter/Lernen

Status und Prognose der nächsten 3 Monate

Weiterbildung

alle Anstrengungen gelten der Unternehmenssteuer-Reform.

Verbesserungsvorschläge

Ansparabschreibungen unbedingt künftig in ANLAG verwalten.

Patenschaft Azubi Tanja

Besprechen der ersten FiBu erledigt.

II. Statusbericht

Haben Sie in Ihrer Kanzlei eine Team- oder Abteilungs-Organisation, dann machen die Teams oder Abteilungen hieraus einen Statusbericht. Damit sich die Zahl der nun folgenden Besprechungen in Grenzen hält, sollte man mit den Mitarbeitern oder mit den Teamleitern/Abteilungsleitern quartalsweise ein Controlling durchführen. Sie steuern damit die Zielannäherung und bestimmen die zur Zielerreichung notwendigen weiteren Maßnahmen. DAS ist das für jedes System einer leistungsabhängigen Vergütung notwendige Messsystem.

III. Hilfmittel zur Gestaltung des Statusberichts: MindMap

Zielsetzung: Eine MindMap ist eine umfassende Materialsammlung mit der Möglichkeit, jederzeit zwischen einzelnen Oberbegriffen „springen" zu können und unterschiedlich tief weiterzuentwickeln, schriftliche Notiz auf Blatt oder Tafel, Einzelmethode.

Vorteile: Sie ist individuell, schnell, für erste Begegnung mit einem Thema oder für die Darstellung und Weiterentwicklung von Themen ohne große Hilfsmittel verwendbar. Es gibt mittlerweile hervorragende PC-Werkzeuge, sowohl als freeware (freemind) als auch als ausgereiftes kommerzielles Proukt (MindManager®, www.mindjet.de).

Die Mind-Map-Methode lehnt sich eng an die Arbeitsweise des Gehirns an. Denkprozesse laufen nicht, wie oft vermutet, linear ab, sondern vollziehen sich in Assoziationsketten.

Beginnend mit dem Hauptgedanken in der Mitte des Blattes werden die Punkte benannt, die Unterpunkte und ggf. daran anschließende Unterteilungen in alle Richtungen fortgeschrieben. So entsteht eine wachsende, organisierte Struktur. Bei MindManager® können an die Punkte beliebige Dokumente aus allen anderen gängigen PC-Programmen wie Word, Excel, PowerPoint, open office etc. angehängt werden. Die Map kann als Anhang in allen eMail-Programmen versandt werden. Der Empfänger benötigt keine eigene Lizenz zum Lesen der Map, es genügt ein Viewer oder die Map wird in HTML (automatisch erzeugt) dargestellt.

Mind-Maps können in fast allen Bereichen eingesetzt werden, bei denen Denken, Erinnern, Planen und Kreativität gefordert sind. Arbeitsplanung, Berichte, aber auch Projektplanung wie Sanierung eines Unternehmens oder Ähnliches können damit hervorragend geplant werden.

Nachfolgend eine Mind-Map über die Anwendungsmöglichkeiten einer Mind-Map:

§ 3 Planungshilfen

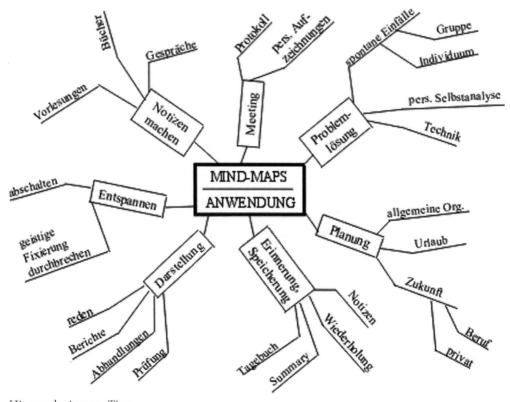

Hier noch ein paar Tips:

- Schlüsselwörter, keine ganzen Sätze
- bei manueller Erstellung: einzelne Wörter eher in Druckschrift als in Schreibschrift notieren
- verschiedene Farben für unterschiedliche Themen verwenden
- Darstellungen in Form von Bildern (...mehr als 1.000 Worte) neben die Stichwörter setzen (geht bei MindManager® automatisch)
- verschiedene Bereiche der Mind-Map mit Pfeilen verbinden (geschieht bei MindManager® automatisch)

Wenn in der Kanzlei eine Standard-Map im Intranet hinterlegt wird, dann können die Team- oder Gruppenleiter täglich/wöchentlich ihre Berichtspunkte für den kommenden Bericht erfassen und später leicht und einfach in den Bericht einarbeiten.

C. Berechnung der Abschlagszahlung

21 Es empfiehlt sich, jeweils im Oktober (oder im dem entsprechenden Monat des Wirtschaftsjahres der Kanzlei) eines jeden Jahres eine genaue Sichtung der Zielannäherung, bezogen auf jeden einzelnen Mitarbeiter und jedes Team, vorzunehmen. Daraus errechnet sich die bis dahin verdiente Beteiligung am Kanzleierfolg und der sich danach ergebende erfolgsabhängige Teil der Jahresvergütung. Der aus der Zielannäherung sich ergebende Bonus sollte, wenn das im Zielsystem vereinbart ist, im November abschlagsweise ausgezahlt werden. Die Mitarbeiter erwarten das von

C. Berechnung der Abschlagszahlung

Ihnen, auch wenn sie das so nicht sagen. Die Restzahlung erfolgt dann nach der Endauswertung, aber nicht später als im März des Folgejahres, sonst gibt es unnötige und demotivierende Auseinandersetzungen. Es ist **nicht** empfehlenswert, daran anschließend im Folgejahr monatliche Abschläge auf „Erfolgsbeteiligungen" zu zahlen. Wenn dann nämlich Ziele verfehlt werden, wird es bitter für alle Beteiligten. Einer fordert zurück und muss die Forderung begründen und einer bestreitet die Begründung und muss zurückzahlen. Es gibt 2 Verlierer und keinen Gewinner.

Die Zeitstrecke vom Entschluss, ein neues Vergütungssystem in der Kanzlei einzuführen, bis zur tatsächlichen Umsetzung, ist schätzungsweise ein Jahr. Gelegenheit zu einer Revision: Haben Sie die richtigen Mitarbeiter? Machen die die richtigen Dinge? Machen die das auch richtig? Wer braucht Schulung, wer braucht Führung, wer braucht andere Mandanten, wer braucht einen anderen Arbeitgeber usw. Das ist der Einstieg ins Zielgespräch mit Zielbewertung und neuer Zielvereinbarung, welches am besten im April stattfindet. Dann nämlich ist die Bewertungsrunde des vergangenen Jahres durch und man kann neue Ziele vereinbaren.

Leistungsorientierte Vergütung ist ein Thema, das nicht auf 3 Seiten Papier passt. Mit einer kleineren Lösung, vor allem nur mit Umsatz- und Deckungsbeitragsvorgaben, die Sache anzugehen, scheint mir wenig aussichtsreich, weil weder Mitarbeiter noch Kanzleiziele richtig einbezogen werden.

§ 4 Zielfindung

1 In den letzten sieben Jahren hat sich in den Steuerberater- und Wirtschaftsprüferkanzleien ein Kulturwandel vollzogen. Mit der Einführung PC-gestützter Informationstechnik Anfang der achtziger Jahre hat sich das Berufsbild, haben sich die Tätigkeiten der Mitarbeiter in einer Weise gewandelt, wie sie nicht vorherzusehen war. Möglicherweise kennt der eine oder andere noch die von Herrn Prof. Dr. Peter Knief vorgelegte Studie zum Steuerberater des Jahres 2001. Als diese Studie Anfang der 90er Jahre herauskam, hätte niemand gedacht, dass die dort vorhergesagte Entwicklung weit vor dem Jahr 2001 abgeschlossen sein würde. PC und damit verbundene Informationstechnik sind die heute bestimmenden Werkzeuge auf den Schreibtischen der Mitarbeiter und – soweit in der Kanzlei vorhanden – des mittleren Managements, sie finden sich in Besprechungsräumen und auf den Schreibtischen der Chefs. Es gilt der Grundsatz: „FlipChart war gestern, Beamer ist heute".

2 Diese Entwicklung ist noch nicht abgeschlossen. Jeder erlebt täglich eine zunehmende Anspruchshaltung der Mandanten, der Mitarbeiter der Mandanten, der Kreditgeber der Mandanten, der Gesellschafter der Mandanten. Von der seit Jahren den Steuerbürgern versprochenen Vereinfachung der Steuergesetze sind wir immer noch Lichtjahre entfernt, und der anliegende Kurs führt uns von diesem Ziel fort. Alle Kanzleien stehen unter einem hohen Kostendruck. Alle versuchen, ihre Kostenstrukturen zu optimieren und – unter Anwendung modernster Informationstechnik- das Tagegeschäft zu bestehen. Jede Kanzlei hat dabei Erwartungen an die Mitarbeiter und der Qualifikationsbedarf in den Kanzleien wächst täglich. Andererseits haben die Mitarbeiter hohe Erwartungen an die Kanzlei hinsichtlich der Qualität ihres Arbeitsplatzes, insbesondere hinsichtlich der Ausstattung des Arbeitsplatzes, der Sicherheit und nicht zuletzt der guten und gerechten Vergütung.

3 Erfolgreiche Kanzleien zeichnen sich dadurch aus, dass sie mit flexiblen und kompetenten Mitarbeitern die Beratungsanforderungen der Mandanten zu jeder Zeit erfüllen. Die dabei von beiden Seiten zu beweisende Flexibilität macht sich an solchen Arbeitsumgebungen wie Ausstattung des Arbeitsplatzes, Arbeit auch zu ungewöhnlichen Tageszeiten, Leistungserbringung vor Ort beim Mandanten fest.

4 Natürlich will jeder Steuerberater zufriedene Mandanten. Was die Sache erschwert, ist, dass kaum ein Mandant die fachliche Qualität eines erteilten Rats, die Kompetenz einer Steuerberaterpraxis insgesamt erkennen, geschweige denn beurteilen kann. Mandanten ziehen sogenannte Sekundärkriterien wie Verlässlichkeit, Kompetenz im Gespräch, Engagement für die Ziele des Mandanten, Informationsverhalten der Kanzlei als Beurteilungsmaßstab heran.

5 Auch hier gibt es Umbruch. Die pünktliche und möglichst steuerschonende Erledigung der Deklarationspflichten, also die Bewältigung der Vergangenheit, wird in den nächsten Jahren weniger Gewicht haben und damit die Kanzlei weniger auslasten, weniger Honorar erzeugen, als heute. Das kann deshalb vorhergesagt werden, weil der Fortschritt der Informationstechnik ständig weiter voran schreitet. Er macht auch nicht vor den Toren der Finanzverwaltung halt, wie wir an ELSTER, GDPdU und anderen Abkürzungen sehen können. Andere Länder wie Dänemark, Frankreich, England, die Niederlande, Frankreich machen es uns vor. Die Erstellung der Einkommensteuererklärungen wird dort zu einem großen Teil von den Finanzbehörden aufgrund vorliegender Daten vorbereitet. Und Erklärungsabgabefristen, wie sie in Deutschland üblich sind, kennt man dort nicht. Hingegen nehmen in diesen Ländern die Komponenten der vorausschauenden Beratung deutlich an Gewicht zu. Aus der Bewertung von Vergangenheit und Gegenwart

verlangen die Mandanten dort Wegweisung in die Zukunft. Sie wollen keineswegs nur inhaltlich Auskünfte, sondern Beratung, Begleitung, Durchsetzung effizienter Vorgehensweisen. Sie erwarten dies nicht nur vom Steuerberater, sondern auch von den Mitarbeitern der Kanzlei.

A. Technische Einflüsse

I. Digitalisierung des Buchungsstoffes

Die Erledigung bisher sehr zeitintensiver Arbeiten wie die Erledigung der monatlichen Finanzbuchhaltung einschließlich Belegablage hat sich in den vergangenen drei Jahren dramatisch verändert. In der klassischen Klientel der Steuerberater, dem Klein- und Mittelbetrieb, ist es ohne übergroßen Kostenaufwand möglich, Buchungssätze zu automatisieren, Belege zu digitalisieren, als Datei abzulegen und dann elektronisch vorzuhalten. Die dazu notwendigen Werkzeuge sind vorhanden. Sie werden ständig weiter entwickelt, ob wir das mögen, wollen, begrüßen, bekämpfen oder nicht. Genau an dieser Stelle werden die Anforderungen an die Mitarbeiter in den Kanzleien verändert. Es ergeben sich sehr schnell herausfordernde Beratungsanlässe, nicht allein aus der Digitalisierung der Betriebsprüfungen, sondern vermehrt nach Beratung der Mandanten zur Unternehmenssteuerung. Hierzu fragen die Mandanten künftig verstärkt Beratung nach. Diese anspruchsvollen Aufgaben müssen schnell gelöst werden. Das erfordert hohe Qualifikation und Motivation auf Seiten der Kanzleimitarbeiter. Diese sollen dann auch unternehmerisches Profil beweisen. Gute Mitarbeiter werden immer wertvoller und eine gute Kanzlei ist von der hohen Qualifikation ihrer Mitarbeiter ebenso abhängig wie von deren zuverlässiger Erledigung der hereingereichten Aufträge. Damit ist klar, dass Mitarbeiter zur vollen Entfaltung von Kreativität und Problemlösungskompetenz sowie vollem Einsatz für den Mandanten ein leistungsförderndes Umfeld benötigen.

II. Herausforderung Personalmanagement

Die Herausforderungen an das Personalmanagement einer Kanzlei sind hoch. Die wesentlichen Erfolgsfaktoren sind – wie bei anderen Dienstleistungsunternehmen auch – die Mitarbeiter. In der Ausbildung zum Steuerberater oder Wirtschaftsprüfer geht es vor allem um eigene fachliche Qualifikation. Wege der Mitarbeiterentwicklung und -führung stehen nicht auf dem Ausbildungsplan, weil sie nicht Inhalt der Berufsexamina sind. Gerade in kleinen Kanzleien transportiert der Chef persönlich seine Erfahrungen. Diese sind nicht deckungsgleich mit den Erwartungen und Befürchtungen der Mitarbeiter. Nun sind Mitarbeiter einer Kanzlei im Regelfall engagiert und verantwortungsvoll. Was sie brauchen, ist eine gute Mitarbeiterführung. In kleinen Kanzleien ist festzustellen, dass diese Mitarbeiterführung sich vor allem auf Kontrolle, schlimmstenfalls nach dem System von Schule und Schulnoten, reduziert. Es gibt Kanzleien, in denen die vorgelegten Arbeiten der Mitarbeiter mit dem Rotstift korrigiert werden. Natürlich reagieren Mitarbeiter darauf vorhersehbar: „Der Chef weiß immer alles besser. Alles muss ich mit ihm besprechen. Dann kann er das doch gleich alles selber machen. Wozu braucht der uns?" Auf diesem Niveau stimmen dann Erwartung und Verhalten überein und auch die Kommunikation funktioniert. Leider führt der Weg in die falsche Richtung. Wenn jetzt nämlich Versuche zur Verbesserung der Führungssituation unternommen werden, dann stoßen diese verständlicherweise auf Misstrauen und

§ 4 Zielfindung

die Mitarbeiter glauben im Übrigen, dass auch diese Welle wieder abebbt. In der Tat holt jeden in ganz kurzer Zeit das ganz normale Tagesgeschäft wieder ein. Das ist keine schöne Situation, aber immerhin kann man aus vollem Herzen sagen: Die andere Seite hat Schuld.

8 In diese Falle darf man gar nicht erst hinein! Einziger Ausweg ist der Aufbau eines effektiven Personalmanagements. Darin enthalten sind Bausteine situativen Führens, die Vereinbarung von Zielen sowie Prinzipien der vertrauensvollen Zusammenarbeit. Wichtig ist, dass die Strukturen aufeinander aufgebaut werden und nacheinander durchlaufen. Natürlich ist die Versuchung groß, gleich mit Konfliktmanagement zu beginnen ist. Aber auf dem Weg zum Ziel gibt es eine ganze Reihe von Sandbänken, um die wir besser herumsegeln sollten. Die wesentlichen Punkte, um die es geht, sind

- Dienstleistungsangebot
- Mandantenstruktur
- Mitarbeiterstruktur
- Vergütungssystem
- Stärken, Schwächen und Potenzial der Kanzlei, der Mandanten und der Mitarbeiter.

9 Das Schaubild eines effektiven Personalmanagements sieht so aus:

1. Analyse der IST- Situation
2. Identifizierung der Mitarbeiterziele, der Mitarbeitermotivation; Mitarbeiterbefragung
3. Kanzleiziele, Strategien zur Zielerreichung, Taktiken zur Strategieverfolgung
4. Vereinbarung individueller Ziele
5. Laufende Erfolgskontrolle
6. aktive Personalentwicklung
7. Konstruktives Konfliktmanagement.

10 Gerade die Mitarbeiterbefragung ist dabei ein sehr wichtiger Schritt, denn hier wird auch das Selbstbild des Inhabers überprüft. Es müssen Fragen gestellt werden, die das Betriebsklima, die Arbeitsbedingungen und die Vergütung betreffen. Konstruktive Verbesserungsvorschläge gewinnt man am besten im Gespräch mit den Mitarbeitern. Und wenn die Mitarbeiter das wünschen, dann wird die Befragung selbstverständlich anonym, also mit Hilfe eines fremden Dritten, durchgeführt und ausgewertet. Jeder Versuch, einen solchen Wunsch zu umgehen, führt in die Irre.

11 Ohne schriftlich formulierte Kanzleiziele geht es auch nicht und diese Ziele müssen den Mitarbeitern bekannt sein. Dabei fällt die Definition dessen, was ein Ziel ist, nicht leicht. Die einfachste Definition ist: Ziele sind

- machbar
- messbar
- motivierend.

12 Selbstverständlich gehören neben der Definition der Umsatzerwartung hierzu die Erwartungen der zu erzielenden Deckungsbeiträge im Mandat oder im Auftrag, des entnahmefähige Gewinns, des gewünschten Umsatz- oder Marktanteils-Zuwachses der Kanzlei etc. Erst die Bestimmung dieser Ziele schafft Klarheit und erlaubt den Aufbau von Strategien zur Zielerreichung. Die Zielerreichung wiederum ist Basis und Maßstab der Mitarbeiterführung. Als Hilfsmittel reicht eine einfache Budgetplanung aus. Von ihr ausgehend kann aus den bisher entwickelten Vergütungsmodellen ein passendes ausgewählt werden.

B. Hilfsmittel Nutzwertanalyse

Mit der Nutzwertanalyse kann anhand **mehrerer Kriterien** und aufgrund **subjektiver Wertvorstellungen** unter verschiedenen komplexen Handlungsalternativen gewählt werden. Ausgewählt wird die Alternative mit dem höchsten Nutzwert. Das nachfolgende Beispiel ist abstrakt und lässt sich auf beliebige Kanzleiziele anwenden.

Ziel der Entscheidung definieren

Anwendungsbeispiele

- Kauf Gebäude Kanzleiräume
- Kauf neuer PC's für die Kanzlei
- Standortwahl
- Finanzbuchhaltung und Fertigungstiefe: Eigenproduktion oder Auslagerung
- alle andere Ziele lassen sich in ihrem Nutzen ebenfalls bewerten

Festlegung der Forderungen, welche die Entscheidung unbedingt erfüllen muss

Hier sind alle zwingenden Anforderungen aufzuführen, die die Alternativen auf jeden Fall erfüllen müssen, um zur Auswahl zugelassen zu werden. Das Fehlen einer Eigenschaft führt zum Ausschluss dieser Alternative.

Beispiel Kanzleiräume

- Preis des Hauses nicht über 350.000 €
- mind. 150 m² Kanzleifläche (ohne Archivräume und Treppenhaus)
- Garage
- Parkplätze für MA und Mandanten
- Innenstadt
- hochwertiger DSL-Anschluss

Aufstellung der Auswahlkriterien

Die Auswahlkriterien stellen die eigentliche Grundlage zur Auswahl der Alternativen dar. Es wird von Oberbegriffen ausgegangen, die dann schrittweise zergliedert werden.

Beispiel

Oberbegriff beim Kauf eines Hauses:	Auswahlkriterien daraus:
Flächenangebot	Wohnfläche
	Garten
	Abstellfläche

Gewichtung der Auswahlkriterien

Die Oberbegriffe werden nach der **relativen Wichtigkeit** für das Entscheidungsziel gewichtet. Für die Oberbegriffe werden insgesamt 100 % vergeben. Für die aus den Oberbegriffen abgeleiteten Auswahlkriterien wird dann eine weitere Unterteilung der Prozentsätze vorgenommen

Beispiel: Gewichtung der Kriterien beim Kanzleigebäude

Kriterien	Relative %	%
Flächenangebot		25 %
Kanzleifläche	60 % = 15 %	
Garten	20 % = 5 %	
Abstellfläche	20 % = 5 %	
Lage		25 %
Verkehrslage	40 % = 10 %	
Umgebung	40 % = 10 %	
Ruhe	20 % = 5 %	
Baueigenschaften		20 %
Baualter	20 % = 6 %	
Bauweise	10 % = 3 %	
Bauausstattung	50 % = 15 %	
Bauzustand	20 % = 6 %	
Preis/Leistung		20 %
Gesamt		100 %

Erarbeiten und Bewerten der Alternativen

Alle relevanten Alternativen werden aufgeführt und anhand der unbedingten Forderungen gefiltert. Die Bewertung erfolgt dann über ein Punktbewertungsverfahren, z.B. werden die Punktwertzahlen 1 bis 10 für jedes Kriterium vergeben (1 = geringfügige Erfüllung, 10 = Wunsch wird am besten erfüllt).

Auswahl der besten Alternative/Entscheidung

Gewählt wird die Alternative, die:

- alle unbedingten Forderungen erfüllt
- die beste Anpassung an die Auswahlkriterien zeigt
- die geringsten Nachteile hat

B. Hilfsmittel Nutzwertanalyse

In der Praxis könnte z.B. die **zweitbeste Alternative** die bessere Entscheidung sein, wenn sie **weniger Nachteile** als die beste hätte. Bei Alternativen mit annähernd gleicher Punktzahl kann man zur endgültigen Entscheidung eine **Stichwahl** mit den wichtigsten Kriterien durchführen.

Beispiel: Entscheidungsmatrix Kanzleigebäude

Ziel der Entscheidung			Kauf einer Immobilie für Kanzleiräume					
Mußziele (= K.-o.-Kriterien)			1. Preis: < 350.000 € 2. Ort: Innenstadt 3. Garage					
Kannziele **(Auswahlkriterien)**			**Alternativen**					
			Objekt 1		**Objekt 2**		**Objekt 3**	
Nr.	Art	Gewich-tung	Bewer-tung	Punkt-wert	Bewer-tung	Punkt-wert	Bewer-tung	Punkt-wert
		(in %)	0–10 Punkte	Absolut	0–10 Punkte	Absolut	0–10 Punkte	Absolut
1	Bürofläche	15	6	90	7	105	5	75
2	Garten	5	3	15	8	40	4	20
3	Abstellfläche	5	6	30	8	40	4	20
4	Verkehrslage	10	8	80	4	40	6	60
5	Umgebung	10	5	50	8	80	5	50
6	Ruhe	5	4	20	8	40	5	25
7	Alter	6	6	36	4	24	8	48
8	Bauweise	3	7	21	5	15	6	18
9	Ausstattung	15	8	120	5	75	8	120
10	Zustand	6	8	48	6	36	8	48
11	Preis/Leistung	20	5	100	7	140	6	120
Summe		**100**		**610**		**635**		**604**
Entscheidung						**X**		

Vor- und Nachteile der Nutzwertanalyse

Die Offenlegung der Kriterien samt deren Gewichtung und die daraus resultierende **Nachvollziehbarkeit der Entscheidungen** macht die Nutzwertanalyse zu einem guten Instrument zur **Begründung** von Entscheidungen und Vorschlägen. Der relativ große Zeitaufwand kann eventuell durch Reduzierung auf nur wenige Hauptkriterien sinnvoll vermindert werden. Allerdings ist zu bedenken, dass **subjektive** Schwerpunkte vermischt werden mit **objektiven** Daten, dass also reine Zahlengläubigkeit auch zu einer weniger optimalen Lösung führen kann.

§ 5 Budget

A. Budget als Leitlinie auf dem Weg zur Zielerreichung

1 **ⓘ Hinweise:**

Umsatzerwartungen kann nur die Kanzleileitung festlegen. Die Vorjahresumsätze ergeben sich aus dem Rechnungswesen der Kanzlei. Das Budget des Folgejahres sollte bis zum November(alternativ: bis zum Ende des 11. Monats des Wirtschaftsjahres) feststehen. Dabei kann noch nicht auf die Jahreszahlen des laufenden Jahres zurückgegriffen werden. Ob deshalb nach Erstellung des Jahresabschlusses der Kanzlei eine Anpassung der Zahlen erforderlich scheint, hängt von der „Wesentlichkeit" der Differenzen „BWA zu Jahresabschluss" ab. Empfehlenswert ist es, bei den in der Planung bereits vorhandenen Zahlen zu bleiben, wenn es irgend geht. Die Mitarbeiter und die Kanzleileitung haben sich bereits an diesen Zahlen orientiert, ihre Planung der Zielerfüllung läuft bereits. Eine Änderung würde die „Leuchtturmfunktion" dieser Planzahlen verzerren. Die eingefärbten Teile der Tabelle rechnen sich selbst.

2 **Budget 2007**

	lfd. Jahr	Vorjahr	Änderung €	Änderung %
Erlöse				
Lohn	45.500 €	37.500 €	8.000 €	21 %
FiBu	172.000 €	130.000 €	42.000 €	32 %
Jahresabschluss	365.000 €	337.500 €	27.500 €	8 %
private Steuern	90.000 €	75.000 €	15.000 €	20 %
Wirtschaftsberatung	37.500 €	20.000 €	17.500 €	88 %
Rechtsberatung	40.000 €	25.000 €	15.000 €	60 %
Summe Erlöse	**750.000 €**	**625.000 €**	**125.000 €**	**20 %**
Vergütung Inhaber inkl. Verwaltungsanteile	127.560 €	120.000 €	7.560 €	6 %
Personalkosten inkl. Verwaltungsanteile	312.640 €	286.000 €	26.640 €	9 %
Summe Personalkosten	**440.200 €**	**406.000 €**	**34.200 €**	**8 %**

DB I	309.800 €	219.000 €	90.800 €	41 %
Raumkosten	37.500 €	34.000 €	3.500 €	10 %
Versicherungen, Beiträge	7.500 €	7.500 €	0 €	0 %
Kraftfahrzeuge	37.500 €	35.000 €	2.500 €	7 %
EDV	30.000 €	30.000 €	0 €	0 %
Reisekosten und Bewirtung	7.500 €	5.000 €	2.500 €	50 %
AfA; Leasing; Reparaturen	40.000 €	35.000 €	5.000 €	14 %
Kommunikationskosten	15.000 €	12.500 €	2.500 €	20 %
verschiedene Kosten	35.000 €	30.000 €	5.000 €	17 %
Summe Gemeinkosten	**210.000 €**	**189.000 €**	**21.000 €**	**11 %**
DB II	99.800 €	30.000 €	69.800 €	233 %
neutrales Ergebnis	0 €	0 €	0 €	0 %
Hinzurechnung Vergütung Inhaber	127.560 €	120.000 €	7.560 €	6 %
Gewinn	227.360 €	150.000 €	77.360 €	52 %

B. Zielvereinbarung und Messung der Zielerreichung der Mitarbeiter

Mit der erstmaligen Vereinbarung individueller Ziele beginnt für Mitarbeiter in kleinen Kanzleien im Regelfall eine neue Zeit. Da kommt es zu Unsicherheiten, zu Missverständnissen, und nur wenige Mitarbeiter begreifen von sich aus die Chancen, die in einer solchen Vereinbarung stecken. Transparenz ist das Gebot der Stunde! Die Umsetzung beginnt damit, dass die Ziele differenziert ausformuliert und abgebildet werden. Hieraus erwächst die Basis für die Weiterentwicklung der Mitarbeiter. Daran macht sich die Zusage fest, jeden Mitarbeiter auf dem Weg zur Erreichung seiner individuellen Ziele zu fördern. Natürlich muss der Mitarbeiter dabei seine Leistung messen lassen. Dies kann durch einfache und unkomplizierte Instrumente laufend geschehen. Nur damit kann einer Fehlentwicklung entgegengewirkt werden. Auch hier gilt Transparenz, Information und Kommunikation als Voraussetzung für den ehrlichen Umgang miteinander. Es geht um das gemeinsame Erreichen von miteinander vereinbarten Zielen. Die Feststellung einer Zielannäherung (oder -verfehlung) ist konfliktträchtig. Es geht nicht um Zuweisung von Schuld an eingetretenen Zielabweichungen. Letztlich ist es immer der Chef, der die Verantwortung für alles, was in seiner Kanzlei läuft, tragen muss.

§ 6 Mitarbeitergespräche

A. Grundsätzliches

Grundregeln einer erfolgreichen Besprechung

- Timing
  - Pünktlich anfangen, rechtzeitig und vollzählig erscheinen
  - Zum vereinbarten Endtermin fertig sein
- Zielsetzung
  - Das Ziel ist allen bekannt
  - Alle wissen, in welchen Schritten es erreicht werden soll
  - Es gibt einen Zeitplan für die einzelnen TOP´s auf der Agenda
- Funktion
  - Jeder weiß, warum er an der Besprechung teilnimmt
  - Jeder kennt seine Funktion
- Kompetenz
  - Jeder geht vorbereitet in die Besprechung.
  - Jeder besitzt alle Informationen und die Kompetenz, das Besprechungsziel effizient zu erreichen
- Protokoll
  - Vor der Besprechung wird vereinbart, ob ein Protokoll geführt und/oder ob Erledigungsvermerke zur Nachverfolgung geschrieben werden
  - Ggf. wird der Protokollführer bestimmt
  - Ggf. wird der Aufzeichner der EV bestimmt. Wird ein Protokoll geführt, macht das der Protokollführer
- Leitung
  - Es gibt EINEN Sitzungsleiter
  - Der achtet auch auf die Einhaltung der bekannten „Spielregeln"
- Gesprächstechnik
  - Es gelten die Regeln der konstruktiven Gesprächsführung
  - Außerdem:
    - Kurz fassen, kein Beitrag über 3 Minuten
      - Für hartnäckige Vielredner (Is scho ois gsogt, ober noch nicht vo mia! Karl Valentin) hat sich der Einsatz einer 3-Minuten-Sanduhr sehr bewährt. Die Sanduhr gibt es in jedem guten Teegeschäft!
    - Alle dürfen immer ausreden
    - Es wird verständlich formuliert

A. Grundsätzliches

- Man höre aktiv zu und gehe aufeinander ein
  - Am Besten durch eine kurze Zusammenfassung dessen, was und wie viel man von den Ausführungen des Vorredners verstanden hat
- Themenkonzentriert arbeiten, keine Abschweifungen
- Zurückstellen eigener Beiträge, die jetzt nicht zum Thema passen
- Sachlicher, repektvoller Umgang mit der Meinung anderer
- Behauptungen werden nicht gekontert, sondern ggf. hinterfragt
- Keine sog. Killerphrasen (…das geht nicht….)
- Konsens
  - Am Ende wissen alle, wie es zu einer gemeinsam getragenen (nicht notwendigerweise einstimmig getroffenen) Entscheidung kam. Es halten sich dann alle daran
- Nachbearbeitung
  - Es gibt konkrete Aufgaben, die formuliert und verteilt werden. Dazu dient der Erledigungsvermerk
  - Der EV wird inhaltlich und terminlich präzise umgesetzt
- Kritische Würdigung
  - Was kann beim nächsten Mal besser verlaufen? Wie?

Eine weitere Neuerung für Mitarbeiter in kleinen Kanzleien wird das „standardisierte Mitarbeitergespräch" sein, welches sie bisher vermutlich eher nicht kannten. Es markiert die Einleitung der Förderung und systematischen Entwicklung aller Mitarbeiter. Damit schafft die Kanzlei die Grundlage eines für beide Seiten sicheren Ablaufplans. Nicht alle Mitarbeiter wollen das; in der Regel sind nur wenige dagegen, aber mit deren Skepsis, ja vielleicht Ablehnung – die sie als Chef eher fühlen, als dass man sie ihnen ins Gesicht sagt – führen sie die ganze Kanzlei zur Verweigerung. Das muss man wissen. Es handelt sich dabei um lösbare Konflikte, und die Lösungsmöglichkeiten hängen von der Einstellung aller Beteiligten ab.

❗ Hinweise

Diese Tabelle zum Gespräch ist recht umfangreich und unterteilt in

- *Deckblatt*
- *Persönliche Daten*
- *Zielerreichung*
- *Leistungsbeurteilung*
- *Kanzleiziele Folgejahr*
- *Persönliche Ziele Mitarbeiter*
- *Entwicklungsmaßnahmen Folgejahr*
- *Zieltableau Folgejahr*

Aus dem Deckblatt ergibt sich, dass über das abgelaufene Jahr und über die Ziele des kommenden Jahres gesprochen werden soll.

Wenn in den persönlichen Daten Änderungen vorkamen, dann sind sie hier aufzunehmen; ansonsten bleiben sie unverändert und werden ins neue Jahr übernommen.

§ 6 Mitarbeitergespräche

6   *Die Messung der Zielerreichung ergibt sich aus der im Vorjahr getroffenen Zielvereinbarung und dem „IST" des laufenden Jahres. Die IST-Daten „Umsatz" und „Deckungsbeitrag ergeben sich für DATEV-Anwender aus „Eigenorganisation classic".*

7   *Die eingefärbten Tabellenteile rechnen sich selbst. Bewusst wurde darauf verzichtet, die Zielerreichung des Vorjahres abzubilden. Das ist längst Historie und hat für die Positionierung der Gegenwart keine Bedeutung mehr. Wer darauf aber nicht verzichten mag, weil er mit den Mitarbeitern auch Veränderungen in deren Leistungsniveau besprechen will oder muss, der füge einfach die entsprechende Spalte ein.*

8   *Bereich „Kunden": Die Anzahl der Interessenten kann das Sekretariat aus den Monatsberichten entnehmen. Die Anzahl der „unrentablen Mandanten" ergibt sich für DATEV-Anwender z.B. aus „Eigenorganisation classic" über eine daraus zu erstellende ABC-Analyse.*

9   *Bereich „Prozesse": Die Beurteilung der Erreichbarkeit stammt aus der Mandantenumfrage. Wenn eine solche Umfrage nicht gemacht wird, dann ist die Verbesserung der Erreichbarkeit der Kanzlei kein Ziel, denn Ziele müssen messbar sein. Der Beurteilungspunkt muss dann gestrichen werden.*

10   *Die Anzahl und Beurteilung der produktiven Stunden ergibt sich aus der Leistungserfassung der Kanzlei und der Zielvereinbarung. Dabei ist empfehlenswert, genau festzulegen, was in der Kanzlei als „produktive Stunde" gilt. Es gibt in verschiedenen Kanzleien dazu verschiedene Auffassungen. Gehören z.B. Stunden der Fortbildung dazu oder nicht? Die Auffassung der Mitarbeiter über die Produktivität ihrer in der Kanzlei verarbeiteten Zeit weicht doch gelegentlich von der Beurteilung durch ihre Vorgesetzten ab.*

11   *Aufträge „ohne Gewinn" ergeben sich für DATEV-Anwender aus „Eigenorganisation classic" aus der Übersicht der Deckungsbeiträge.*

12   *Im Beurteilungspunkt „Ergebnisqualität" schägt die Stunde der Wahrheit. Hier darf man nicht ausweichen; weder der Mitarbeiter noch der Vorgesetzte. Eine gute Ergebnisqualität ist eine gute Ergebnisqualität. Und falls innerhalb des Jahres ein „kapitaler Bock geschossen" wurde, dann ist das anzusprechen. Im Bereich der Auftragsfinanzbuchhaltung hat es sich bewährt, die „Treffsicherheit" der BWA nach einem Schulnotensystem zu beurteilen. Als Schema einmal eingerichtet, kann der Mitarbeiter die zur Bewertung erforderlichen Daten selbst erfassen und der Vorgesetzte kann im Dokumentenmanagement-System der Kanzlei darauf zugreifen.*

13   *Bereich „Mitarbeiter/ Lernen": Das Sekretariat sammelt die Anzahl der Verbesserungsvorschläge. Gibt es kein Sekretariat, erledigen das die Mitarbeiter selbst und reichen die Vorschläge zur Bewertung jährlich ein.*

14   *Die Leistungsbeurteilung ist stark schematisiert; auch, um den Mitarbeitern das Gefühl zu vermitteln, sie werden einer nachvollziehbaren, gerechten Leistungsbeurteilung unterzogen. Die dabei erforderliche Gewichtung der einzelnen Unternoten entstammt interessanten Diskussionen mit Kollegen und deren Mitarbeitern.*

15   *Die Kanzleiziele des Folgejahres ergeben sich aus der Zielvorgabe (oder -besprechung) der Kanzleileitung. Die Kanzleiziele müssen vor der Zielbesprechung mit den Mitarbeitern feststehen.*

16   *Bis hierhin kann das vor dem Mitarbeitergespräch zu fertigende Formular weitgehend vom Sekretariat vorbereitet werden. Die „Wegdelegation" erleichtert die Vorbereitung des Gesprächs.*

17   *Aus den Kanzleizielen des Folgejahres werden die individuellen Ziele der Mitarbeiter abgeleitet.*

18   *Die Entwicklungsmaßnahmen für das Folgejahr ergeben sich aus der Zielvorgabe der Kanzlei. Die Bepunktung der einzelnen Ziele ist änderbar. Das vorliegende Punktsystem ist Ergebnis einer Vielzahl von Gesprächen mit Kanzleiinhabern zu diesem Thema.*

19   *Die eingefärbten Teile der Tabelle rechnen sich selbst.*

20   *Zu guter Letzt: Das Protokoll über das Mitarbeitergespräch kommt zur Personalakte. Es ist ein hochvertrauliches Papier. Deshalb sollte in den Fällen, in denen es elektronisch archiviert wird, der Zugriff auf dieses Dokument nur für Berechtigte möglich sein.*

A.   Grundsätzliches

I.   Standardisiertes Mitarbeitergespräch

Mitarbeitergespräch

mit

Frau Karrenberg

für den Zeitraum

01. Januar bis 31. Dezember 2007

Geburtsdatum	19. Mai 1979
Vergütung p.a.	18.000 €
WochenarbZeit	20
In Kanzlei seit	1. April 1995
Qualifikation	StFang
Aufgabenspektrum	15 h FiBu, 5 h JA

II.   Messung der Zielerreichung für diesen Mitarbeiter

Ziele	Jahresziel	Ist	Ist in %	Ist Vorjahr
Finanzen				
Umsatz	35.000 €	33.500 €	95,7 %	34.000 €
Gewinn/Deckungsbeitrag	5.000 €	3.500 €	70,0 %	-3.500 €
Kunden				
Interessenten Rechtsberatung	10	2	20,0 %	0
Interessenten Unternehmensberatung	10	6	60,0 %	0
Unrentable*	1	2	200,0 %	2
Prozesse				
Beurteilung Erreichbarkeit**	2,5	2,4	104,2 %	-
Bearbeitungszeiten FiBu reduzieren*	10	12	120,0 %	-
produktive Stunden*	600	605	100,8 %	580
Aufträge ohne Gewinn/ DB*	0	2		
Ergebnisqualität***	2,5	2,4	104,2 %	2,4
Mitarbeiter/Lernen				
Anzahl Verbesserungsvorschläge	10	25	250,0 %	5
Wirksamkeit Weiterbildung***	2,5	2,8	89,3 %	2,8
Abschlüsse Mandantengruppe xyz****	25	28	89,3 %	2,6
Steuererklärungen Eheleute abc****	2,5	2,8	89,3 %	2,8
Patenschaft Tanja	100	100	100,0 %	75

*   lt. Leistungserfassung

**   lt. jährl. Kundenbefragung

§ 6 Mitarbeitergespräche

*** lt. MA-Gespräch

**** lt. eigener Einschätzung

III. Informationen zur Stellenbeschreibung für diesen Mitarbeiter, Bewertung

Aufgaben lt. Stellenbeschreibung
(Nennung der 4 Hauptaufgaben) in %

Einrichten und Durchführen Finanzbuchhaltung	75 %
Erstellen von Jahresabschlüssen und Steuererklärungen	15 %
Erledigung Mandantenkorrespondenz	5 %
Ausbildung Auszubildende im Bereich Finanzbuchhaltung	10 %

Qualtitative und quantitative Arbeitsergebnisse; Bewertung im Schulnotensystem

Einrichten und Durchführen von FiBu; Gewichtung 55 %

Qualität	X				
Quantität		X			

Kommentar

kaum Abstimmarbeiten notwendig

Fertigstellung immer termingerecht

Umsatzziel: nicht ganz erreicht

Deckungsbeitragserwartung: verfehlt

Erstellen JA und Steuererklärungen; Gewichtung 15 %

Qualität		X			
Quantität			X		

Kommentar

Vorbereitung weitgehend selbstständig

Arbeitspapiere klar und übersichtlich

Bei komplizierten Sachverhalten wird nachgefragt

Umsatzziel: nicht ganz erreicht

Deckungsbeitragserwartung: verfehlt

Erledigung Mandantenkorrespondenz; Gewichtung 5 %

Qualität			X		
Quantität		X			

Kommentar

Erledigung ist sachgerecht

Es wird zuviel manuell und telefonisch bearbeitet

Darunter leiden Dokumentation und Erscheinungsbild

A.　Grundsätzliches

Ausbildung Azubi im Bereich Finanzbuchhaltung

Qualität		X				
Quantität			X			

Kommentar

  erfolgt planmäßig

Gesamtbeurteilung: 2,45

IV.　Einordnung in die Kanzleiziele

Kanzleiziele		
Ziel	**Wert**	**Messwerkzeug**
Finanzen: Wie wollen wir uns für die Kapitalgeber attraktiv machen?		
Umsatz	750.000 €	Auswertung Rechnungschreibung
		Abgleich mit Rechnungswesen
		Erlöskonten; Debitoren
Gewinn	40.000 €	Rechnungswesen
Umsatz Rechtsberatung	40.000 €	Auswertung Rechnungschreibung
		Abgleich mit Rechnungswesen
		Erlöskonten, Debitoren
Umsatz Unternehmensberatung	35.000 €	Auswertung Rechnungschreibung
		Abgleich mit Rechnungswesen
		Erlöskonten, Debitoren
Variabler Vergütungsanteil Mitarbeiter	30.000 €	Excel-Tabelle
		Messung Zielerreichung
		Verteilung nach MA-Gespräch

Kunden: Wie attraktiv wollen wir für unsere Kunden sein?		
Beurteilung; Gesamtergebnis	< 3.0	jährliche Kundenbefragung
Beurteilung Preis-Leistung	< 3.0	jährliche Kundenbefragung
Anzahl Aufträge Rechtsberatung	15	Auswertung Rechnungschreibung
Anzahl Aufträge Unternehmens-beratung	15	Auswertung Rechnungschreibung
unrentable Kunden	< 5	Auswertung Rechnungschreibung
ungewollte Kundenfluktuation	0	Aufzeichnungen Kanzleileitung
ungewollte Mitarbeiterfluktuation	0	Aufzeichnungen Kanzleileitung

§ 6 Mitarbeitergespräche

Prozesse: Wo wollen wir hervorragende Leistungen absetzen/ besonders gut sein?		
Beurteilung Erreichbarkeit	< 2.5	jährliche Kundenbefragung
Beurteilung Informations-Qualität	< 3.0	jährliche Kundenbefragung
Beurteilung Termintreue	< 2.5	jährliche Kundenbefragung
Abrechenbare Stunden (Vollzeit-Äquivalent)	> 1.200	Auswertung MA-Leistungserfassung
Aufträge ohne Gewinn	0	Auswertung Rechnungsschreibung
Qualität Arbeitsergebnisse	< 2.5	BWA-Bewertung; JA-Bewertung
		MA-Gespräch

Mitarbeiter: Aus- und Fortbildung: Wie halten wir die Kanzlei auf die Zukunft ausgerichtet?		
Zufriedenheit der Mitarbeiter	< 3.0	jährliche anonyme MA-Befragung
Beurteilung Kompetenz	< 3.0	jährliche Kundenbefragung
Beurteilung Engagement	< 2.5	jährliche Kundenbefragung
Weiterbildungsstunden (Vollzeit-Äquivalent)	> 100	Auswertung MA-Leistungserfassung
Anzahl Verbesserungsvorschläge MA	> 100	Anzahl eingereichter Vorschläge
jährliche MA-Gespräche	100 %	Auswertung MA-Leistungserfassung

V. Einordnung des Mitarbeiters

Finanzen

Wie soll Ihre Tätigkeit sich aus der Sicht des Kapitalgebers darstellen?

Umsatz > 35.000

Gewinn > 5.000

Kunden

Wie sollten wir uns aus Kundensicht darstellen?

Unterstützung der Kundenzufriedenheitsumfrage durch aktive Ansprache der Mandanten.

Frau Karrenberg wird dazu einen Rhetorikkurs besuchen.

10 Interessenten für Rechtsberatung, die an Chef weitergeleitet werden

10 Interessenten für Unternehmensberatung, die an Juniorchef weitergeleitet werden

Maximal 1 unrentabler Kunde im Mandantenbereich

Verstärkung elektronisches Buchen, Reduzierung der FiBu-Zeiten

Juniorchef unterstützt bei den dazu notwendigen Kundengesprächen

A. Grundsätzliches

6

Prozesse

Frau Karrenberg übernimmt die Organisation der Servicezeiten von 08:00 bis 18:00 Uhr.

Ziel ist in diesem Zeitfenster die 100%-ige Verfügbarkeit. Die Erreichbarkeit muss in der jährlichen Kundenumfrage mit mindestens 3 beurteilt werden.

Der Stundensatz im Bereich Finanzbuchhaltung soll auf 40 € gesteigert werden.

Dazu sind die Prozesse noch stärker zu automatisieren und dies ist dem Kunden gegenüber durchzusetzen. Frau Karrenberg erstellt gemeinsam mit Juniorchef eine Argumentationsliste und eine Neukalkulation; zu erledigen bis 31. Mai 2007.

600 abrechenbare Stunden

Keine Aufträge ohne Gewinn

Die Ergebnisqualität soll im Mitarbeitergespräch besser als 2,5 sein. Als Indikatoren werden Nachbearbeitungszeiten, Qualität der Arbeitspapiere, Ergebnisse von Außenprüfungen und Reklamationen von Kunden beigezogen. Ergänzt wird dies durch den fortlaufend zu führenden „Nachweis des Beratungsnutzens im Mandat".

Lernen

Wie kann die Kanzlei auf die Zukunft ausgerichtet bleiben?

100h Weiterbildung, die auch zu Hause durchgeführt werden darf

10 Verbesserungsvorschläge

Jahresabschlüsse für die Mandantengruppe xyz besprechungsreif vorbereiten

private Steuererklärungen für Mandanten abc selbstständig erstellen

Patenschaft Tanja. Deren fachliche Weiterbildung ist der Indikator für den Erfolg.

Externe Schulungsmaßnahmen

Unternehmenssteuer-Reformgesetz

Auffrischung Word für Windows

Rhetorik-Kurs

Interne Aus- und Weiterbildung

Schulung in DokOrg

Lernprogramm Word für Windows

§ 6 Mitarbeitergespräche

Vergütung

Vergütungsanteil	2007	2008	2009
Zielvergütung bei 100 % Zielerreichung	18.500 €	19.000 €	19.700 €
Vergütung je erreichten Punkt	40 €	80 €	120 €
Garantiertes Grundgehalt	18.000 €	18.000 €	18.000 €
Maximale Vergütung inkl. variablem Anteil	21.200 €	21.700 €	22.400 €

Kanzleiziele

	Soll		Minimum		Maximum	
Ziel	Wert	Punkte	Wert	Punkte	Wert	Punkte
Finanzen: Wie wollen wir uns für die Kapitalgeber attraktiv machen?						
Kanzlei-Umsatz	750.000 €	4	720.000,00 €	2	850.000 €	8
Gewinn	40.000 €	4	20.000,00 €	2	60.000 €	8
Umsatz Rechtsberatung	40.000 €	4	31.000,00 €	2	45.000 €	8
Umsatz Unternehmens-beratung	35.000 €	4	31.000,00 €	2	45.000 €	8
persönlicher Umsatz	35.000 €	16	33.200,00 €	6	46.200 €	32
persönlicher Gewinn-beitrag/ DB	5.000 €	4				
Kunden: Wie attraktiv wollen wir für unsere Kunden sein?						
Beurteilung; Gesamter-gebnis	< 3.0	4	> 3,2	0	< 2,6	4
Beurteilung Preis-Leistung	< 3.0	1	> 3,2	0	< 2,6	4
Anzahl Aufträge Rechts-beratung	10	2	5	0	25	6
Anzahl Aufträge Unter-nehmensberatung	10	2	5	0	25	6
unrentable Kunden	0	2	2	0	0	4
ungewollte Kunden-fluktuation	0	2	2	0	0	4
Prozesse: Wo wollen wir hervorragende Leistungen absetzen/ besonders gut sein?						
Beurteilung Erreichbarkeit	< 2.5	1	> 2,8	0	< 2,3	2
Beurteilung Informations-Qualität	< 3.0	1	> 2,8	0	< 2,3	2
Durchschnitt-h-Satz FiBu	> 40 €	2	30 €	0	> 42 €	2
Beurteilung Termintreue	< 2.5	2	> 2,8	0	< 2,3	2
Abrechenbare Stunden (persönlich)	600	4	> 500	0	< 630	2
Aufträge ohne Gewinn	0	2	> 2	0	0	2
Qualität Arbeitsergebnisse	< 2.5	4	> 2,5	0	< 2,3	2

A. Grundsätzliches

Mitarbeiter: Aus- und Fortbildung: Wie halten wir die Kanzlei auf die Zukunft ausgerichtet?					
Zufriedenheit der Mitarbeiter	< 3.0		> 3,0	0	< 2,8	2
Beurteilung Kompetenz	< 3.0		> 3,0	0	< 2,8	2
Beurteilung Engagement	< 2.5		> 2,5	0	< 2,3	2
Weiterbildungsstunden (Vollzeit-Äquivalent)	> 100	4	> 75	0	100	2
Anzahl Verbesserungsvorschläge MA	10	4	> 5	0	< 10	2
jährliche MA-Gespräche	100 %	1	> 100 %	0	100 %	1
	74		**14**		**117**	

§ 7 Erste Schritte zur leistungsorientierten Vergütung

A. Wie ist die aktuelle Situation in der Praxis zu verbessern?

1 Um eine wirklich wirksame, zielgerichtete Verbesserung zu erreichen, ist es notwendig, den Status quo zu kennen. Hieraus ergibt sich, wo welche Einzelmaßnahmen vorzunehmen sind und mit welchen Bereichen die Kanzlei bereits jetzt und ohne Änderung gut leben kann.

I. Mitarbeiter-Portfolio

2 Mit einer einfachen Skala werden Motivation und Qualifikation der Mitarbeiter eingeschätzt. Die hier eingesetzte Portfolio-Skala hat den Vorteil, dass es keine neutrale Einschätzung gibt; die Kanzleileitung kommt an einer Meinungsbildung nicht vorbei; sie muss sich zu jedem einzelnen Mitarbeiter positionieren und bekennen. Eine gründliche Analyse der Leistungen und der Potenziale des Mitarbeiters für die Kanzlei ist Voraussetzung hierfür. Die Potenzialeinschätzung ist wichtig für die weiteren Entwicklungsmöglichkeiten der Mitarbeiter und damit auch der Zukunftsfähigkeit der Praxis. Die Ergebnisse aus dieser Einschätzung gehen in die Mitarbeiter-Übersicht ein. Sie werden zu den Geschäftsfeldern übertragen. Das geht schnell und liefert gute Ergebnisse.

3

Hinweis zur Tabelle:

4 *Für jeden Mitarbeiter ist in solches Portfolio anzulegen und jährlich fortzuschreiben.*

II. Personalstrukturen

Durch eine tabellarische Aufstellung werden die wesentlichen Personalstrukturen in der Kanzlei 5 dargestellt. Entsprechend dem Dienstleistungsangebot sind die Tätigkeitsgebiete aufgeführt. Für jeden Mitarbeiter und für jedes Geschäftsfeld ist die Anzahl der durchschnittlichen Wochenstunden eingetragen. Daraus ergibt sich der auf die einzelnen Geschäftsfelder entfallende Gehaltsanteil. Die Tabelle gibt transparent Auskunft über die Personalkosten in jedem Leistungsbereich. Für Kanzleien, die noch keine systematische Leistungerfassung betreiben, sollten die Mitarbeiter über einen Zeitraum von zwei Monaten handschriftliche Aufzeichnungen über die Verteilung ihrer Tätigkeiten fertigen. Erfahrungsgemäß reicht eine über diesen Zeitraum gefertigte Übersicht, sie ist für Zwecke der Darstellung des Ist-Zustandes ausreichend genau.

Die sich hieran anschließende Arbeit dauert ein wenig länger. Es gilt nun, eine Übersicht der 6 Mandantengruppen zu erstellen, aus der hervorgeht, welche Dienstleistungen von welchen Mandanten nachgefragt werden und welches Honorar sie dafür zahlen. Aus der Gegenüberstellung der dazugehörigen Personalkosten ergibt sich, mit welchen Mandantengruppen in welchen Geschäftsfeldern ausreichende Deckungsbeiträge erzielt werden. Es geht dabei ausschließlich um die derzeit aktiven Geschäftsfelder. Die Frage nach deren Zukunftsfähigkeit oder die Frage nach der Prosperität neuer Geschäftsfelder muss später beantwortet werden

Aufgabenspektrum — Daten zur Person

Name	Alter	Personalkosten	WochenArbZeit	in Kanzlei seit?/bis?	Qualifikation	Verwaltung Std.	Verwaltung Personalkosten	Lohn Std.	Lohn Personalkosten	FiBu Std.	FiBu Personalkosten	Jahresabschluss Std.	Jahresabschluss Personalkosten	priv. Steuern Std.	priv. Steuern Personalkosten	Unternehmensberatung Std.	Unternehmensberatung Personalkosten	Rechtsberatung Std.	Rechtsberatung Personalkosten
Inhaber																			
H. Chef	53	60.000 €	60	04 1978	vBP/StB	10	10.000					40	40.000 €	5	5.000 €	5	5.000 €		
H. Junior	35	60.000 €	60	07 1991	StB	30	30.000					20	20.000 €	5	5.000 €	5	5.000 €		
Mitarbeiter																			
F. Bachhuber	48	40.000 €	40	04 1978	BiBu					15	15.000,00 €	25	25.000 €						
F. Müller	38	25.000 €	20	10 1982	BiBu					10	12.500,00 €	5	6.250 €						
F. Leuthold	32	25.000 €	32	10 1990	StFang			2	1.563 €	15	11.718,75 €	10	7.813 €	5	6.250 €				
F. Karrenberg	28	18.000 €	20	04 1995	StFang					15	13.500,00 €	5	4.500 €	5	3.906 €				
F. Seyd	24	16.500 €	20	09 1995	StFang					20	16.500,00 €								
F. Sepcke	22	24.000 €	40	09 1993	StFang					10	6.000,00 €								
F. Holdt	26	17.500 €	40	10 1997	StFang			30	18.000 €	15	13.125,00 €								
F. Meyer	34	40.000 €	40	01 1985	BiBu			5	4.375 €	10	10.000,00 €	25	25.000 €	5	5.000 €				
H. Schulze	28	32.500 €	40	07 1997	Dipl.Kfm							20	16.250 €	10	8.125 €	10	8.125 €		
H. Schmidt	30	40.000 €	40	04 1996	RA							15	15.000 €	5	5.000 €			20	20.000 €
Azubi																			
Tanja	18	7.500 €	40	09 1997		20	3.750			10	1.875,00 €	5	938 €						
						60	**43.750 €**	**37**	**23.938 €**	**120**	**100.219 €**	**170**	**160.750 €**	**40**	**38.281 €**	**20**	**18.125 €**	**20**	**20.000 €**

❶ Hinweise zur Tabelle:

Die Grunddaten wie Name, Alter etc. kann das Sekretariat erfassen und pflegen. Das Aufgabenspektrum kann nur die Kanzleileitung unter Beziehung der Stellenbeschreibung abbilden. Die Anzahl der für die jeweilige Aufgabenfacette zu verbrauchenden Wochenarbeitsstunden gibt die Kanzleileitung vor. Die eingefärbten Teile der Tabelle rechnen sich selbst.

B. Stärken und Schwächen

Name	Alter	Personalkosten	WochenArbZeit	in Kanzlei seit?/bis?	Qualifikation	Motivation	Führung	Lohn	FiBu	Jahresabschluss	priv. Steuern	Unternehmensberatung	Rechtsberatung
Inhaber													
H. Chef	53	60.000 €	60	04 1978	vBP/ StB								
H. Junior	35	60.000 €	60	07 1991	StB								
Mitarbeiter													
F. Bachhuber	48	40.000 €	40	04 1978	BiBu	+					X		
F. Müller	38	25.000 €	20	10 1982	BiBu	++						X	
F. Leuthold	32	25.000 €	32	10 1990	StFang	−							
F. Karrenberg	28	18.000 €	20	04 1995	StFang	+							
F. Seyd	24	16.500 €	20	09 1995	StFang	+							
F. Sepcke	22	24.000 €	40	09 1993	StFang	+				X	X		
F. Holdt	26	17.500 €	20	10 1997	StFang	−				X	X		
F. Meyer	34	40.000 €	40	01 1985	BiBu	−							
H. Schulze	28	32.500 €	40	07 1997	Dipl.Kfm	++	X					X	
H. Schmidt	30	40.000 €	40	04 1996	RA	+							X
Azubi													
Tanja	18	7.500 €	40	09 1997		−							

Daten zur Person — Motivation — Potenzial — Mitarbeiter-Potenzial

❗ Hinweise zur Tabelle:

Die Grunddatenerfassung kann ans Sekretariat delegiert werden. Die Beurteilung von Motivation und Potenzial hingegen sind Führungsaufgaben. Sie sind vom Vorgesetzten zu erledigen

B.   Stärken und Schwächen

Schon jetzt zeigen sich erste Ergebnisse, die auf Stärken und auf Schwächen der Kanzlei hindeuten.

Stärken	Schwächen
Qualifikation der Mitarbeiter	ungenutzte Qualifikationen der MA
Beratungs-Portfolio sehr breit	Geschäftsfelder werden nicht plan-
Kompetenzen MA ausbaufähig	mäßig ausgebaut
	Motivationsdefizite bei 3 MA
	Gehaltsgefälle bei vergleichbarer
	Qualifikation
	Inhaber erledigen MA-Aufgaben
	Jahresabschlussaufgaben

I. Feststellungen

12 Hieraus lassen sich folgende Feststellungen ableiten:

- Ein Inhaber ist nahezu ausschließlich mit Jahresabschlussarbeiten beschäftigt. Für das wichtige Geschäftsfeld Wirtschaftsberatung bringt er kaum Zeit auf. Managementaufgaben überlässt er fast ausschließlich seinem Sozius. Die von ihm erledigten Fachaufgaben könnten Fachmitarbeiter vermutlich billiger, möglicherweise auch schneller erledigen als er.

- Die Zeit des weiteren Inhabers ist zu über der Hälfte in Managementaufgaben gebunden. Für das wichtige Geschäftsfeld Wirtschaftsberatung hat er keine Zeit. Das bedeutet, dass beide Inhaber sich um den Beratungsbereich, der die intensivste Mandantenbindung erzeugt, nicht kümmern können. Hier könnte eine Delegation von Verwaltungsaufgaben an das Sekretariat oder an einen Assistenten Erleichterung bringen.

- Eine qualifizierte Bilanzbuchhalterin wird mit Mandantenbuchführungen beschäftigt, obwohl sich die Routineaufgaben in der Mandantenbuchführung weitestgehend automatisieren oder an einfachere Arbeitsplätze wegdelegieren lassen. Sie ist für diese Aufgaben überqualifiziert. Andererseits bleibt das bei ihr vorhandene Potenzial für private Steuererklärungen ungenutzt.

- Die Bilanzbuchhalterin, die den höchsten Stundenlohn verbraucht und als Teilzeitkraft in der Kanzlei arbeitet, arbeitet zur Hälfte ihrer Zeit in der Mandantenbuchführung. Sie könnte durchaus anspruchsvolle Aufgaben im Bereich der Wirtschaftsberatung übernehmen. Dieses Potenzial bleibt ungenutzt. Ihre Teilzeittätigkeit schränkt die Auskunftsbereitschaft der Kanzlei gegenüber den von ihr bearbeiteten Mandanten ein. Anfragen können nur entgegengenommen, aber nicht kurzfristig beantwortet werden. Die Verlässlichkeit der Rückrufe und Antworten ist abhängig vom Funktionieren der Kanzleiorganisation.

- Eine Mitarbeiterin wird entsprechend ihrer Qualifikation eingesetzt. Leider ist ihre Motivation negativ. Die Ursachen hierfür sollten im persönlichen Gespräch herausgearbeitet werden. Es muss unbedingt eine Motivationsänderung erfolgen, um Nachteile auf Betriebsklima und Leistungsfähigkeit der Kanzlei zu vermindern. Ändert sich hieran kurzfristig nichts, benötigt diese Mitarbeiterin einen neuen Arbeitgeber.

- Eine weitere Mitarbeiterin wird als Teilzeitkraft in der Buchführung eingesetzt. Allerdings erledigt sie daneben einen geringen Anteil an Jahresabschlussarbeiten. Ob und wie sie die fachliche Kompetenz dazu aufrechterhält, ist nicht bekannt. Hier entsteht ständig aufs Neue Risikopotenzial, das entschärft werden muss. Diese Mitarbeiterin könnte sich im Bereich der Mandantenbuchführung spezialisieren. Allerdings gilt auch hier, dass Teilzeitarbeit eben auch nur Teilzeitverfügbarkeit auf Mandantenanfragen bedeutet. Das geht nur, wenn Mandantenfragen zuverlässig aufgenommen und dann nach Antwortvereinbarung zuverlässig beantwortet werden.

- Eine Mitarbeiterin, auch Teilzeitkraft, ist ausschließlich mit der Erstellung von Mandantenbuchhaltungen beschäftigt. Damit ist ihr Potenzial gut genutzt. Sie ist hoch motiviert. Zur Auskunftsbereitschaft der Kanzlei gilt das schon Gesagte. Da hier nur Mandantenbuchhaltungen abgearbeitet werden, könnte die Kanzlei über die Einrichtung eines Heimarbeitsplatzes nachdenken.

B. Stärken und Schwächen

- Die jüngste Fachmitarbeiterin erstellt vor allem Personalabrechnungen für Mandanten. Sie verfügt über gute Kenntnisse im Bereich von Jahresabschluss und privater Steuererklärung. Dieses Potenzial wird nicht genutzt. Ihre Motivation ist zur Zeit noch befriedigend.

- Eine Mitarbeiterin wird weit unter ihren eigentlichen Möglichkeiten eingesetzt. Ihre Motivation ist bereits negativ. Ein Personalgespräch mit einem der Inhaber erscheint wichtig und dringend, wenn die Mitarbeiterin gehalten werden und aus der inneren nicht auch eine äußere Kündigung werden soll. Besteht seitens der Kanzleileitung der Wunsch nach einer Trennung, so sollte dies konsequent und kurzfristig umgesetzt werden.

- Ein Mitarbeiter, der entsprechend seiner Möglichkeiten eingesetzt wird, ist aufgrund interner Konkurrenz demotiviert. Zudem stimmt die eigene Einschätzung seiner Leistungsfähigkeit nicht mit der Wirklichkeit überein. Er hält sich für besser, als er ist. Auch hier ist ein Gespräch mit einem der Inhaber dringend angeraten. Dem Mitarbeiter sollte im Gespräch das Angebot zu einer von der Kanzlei getragenen Nachqualifizierung gemacht werden. Die zu erreichenden Meilensteine sollten dabei gemeinsam vereinbart werden. Wenn sie zeitgerecht erreicht werden, profitiert die Kanzlei; werden sie verfehlt, ist der Mitarbeiter für diese Kanzlei nicht der Richtige.

- Ein Mitarbeiter arbeitet sich in die Besonderheiten der Wirtschaftsberatung ein. In dieses Geschäftsfeld investiert er mehr als doppelt so viel Zeit wie die beiden Inhaber zusammen. Er ist hoch motiviert und zeigt auch Führungsqualitäten. Beides könnte genutzt werden, um den Ausbau dieses Geschäftsfeldes voranzutreiben.

- Der als freiberuflicher Mitarbeiter in der Kanzlei tätige Rechtsanwalt verwendet die Hälfte seiner Zeit für Rechtsberatung. Sein vorhandenes Potenzial für Wirtschafts- und Unternehmensberatung wird nicht genutzt. Das gilt es zu ändern.

- Die Auszubildende hat 2 Tätigkeitschwerpunkte, nämlich Verwaltungsarbeiten und leichte Mandantenbuchführungen. Das entspricht weder dem Ausbildungsplan noch Ihren Vorstellungen von Ausbildung. Sie ist entsprechend demotiviert. Wenn durch die Ausbildung eine gute Mitarbeiterin herangezogen werden soll, muss sich das Ausbildungsniveau drastisch verbessern.

Insgesamt ist festzustellen, dass die Kanzlei unterhalb ihrer Möglichkeiten arbeitet. Darin liegt eine große Chance!! Ein Teil der Mitarbeiter ist überqualifiziert und wird nicht effektiv eingesetzt. Insgesamt ist die Motivation der Mitarbeiter noch gut, das Betriebsklima ist aber bereits gefährdet. Die Kanzlei kann ohne Neueinstellungen ihr Leistungsportefeuille verbessern.

Inklusive der Partnervergütungen verrechnet die Kanzleien Personalkosten von 406.000 € pro Jahr. Mit den bis hier vorgestellten Arbeitspapieren können die Personalkosten auf einzelne Geschäftsfelder verteilt werden. Über die Kalkulation mit Aufschlagsatz lässt sich die Umsatzerwartung für jedes einzelne Geschäftsfeld bestimmen. **Damit ist die erste messbare Grösse für das Zielsystem der Kanzlei definiert.**

II. Schlussfolgerungen

Ein Großteil der Mitarbeiterzeit wird in der Routinebearbeitung von Routineprozessen der Finanzbuchführung gebunden. Ein Großteil der heute manuell erledigten Tätigkeiten lässt sich automatisieren. Zudem ist die Leistung austauschbar; deshalb ist die dabei heute noch erzielte Umsatzrendite gefährdet. Die Honorare aus Finanzbuchführungen übersteigen derzeit noch die

Personalkosten; der Deckungsbeitrag, der dabei erzielt wird, ist aber bereits unzureichend. Der Preisdruck wird weiter zunehmen. Das Geschäftsmodell für das Geschäftsfeld Mandanten-Finanzbuchführung muss dringend umgebaut werden. Dabei sollten die dem Mandanten erbrachten Mehrwerte aus einer qualitativ hochwertigen Finanzbuchhaltung wie effizientes Mahnwesen, Unternehmenssteuerung, ständige Bereitschaft zu Zwischenabschlüssen etc. im Fokus stehen. Gleiches gilt für das Honorar aus Personalabrechnungen. Die Deckungsbeiträge sind auch hier unbefriedigend. Allerdings ist diese Leistung weniger leicht austauschbar als die der Finanzbuchhaltung. Eine Verbesserung der Deckungsbeiträge durch „Preismaßnahmen" ist hier zielführender.

16 Mit den im Bereich Jahresabschlüsse und Steuererklärungen erzielten Honorarvolumina ist die Kanzleileitung zufrieden. Es werden jedoch zu wenig Folgeaufträge im Bereich der Unternehmens-, Wirtschafts- und Rechtsberatung erzeugt. Auf diesen Geschäftsfeldern werden gerade noch die Personalkosten abgedeckt. Das mag auch an der unzureichenden Produktivität liegen, die sich nur über eine Erhöhung der Fallzahlen oder durch stringente Standardisierung steigern ließe. Gerade bei diesen Beratungsaufträgen ist es außerdem wichtig, die Leistungen zeitnah und vollständig abzurechnen.

§ 8 Erfolgsfaktor Mandantenzufriedenheit

A. Fremdbild und Eigenbild

Hoch			Kompetenz
		Flexibilität	Beratungs-Portfolio
			Zuverlässigkeit
Wichtigkeit	Erreichbarkeit	Honorar-Leistungs-Verhältnis	
		Mandantenorientierung	
Niedrig			
	Niedrig	**Erfüllungsgrad**	Hoch

Nach der Analyse des Zahlenmaterials macht sich die Kanzleileitung daran, die Mandanten- und die Mitarbeiterzufriedenheit einzuschätzen.

B. Fragebogen-Einsatz

Fragebogen zur Mandantenzufriedenheit	Wichtigkeit für Mandant (aus Sicht Mandant) sehr wichtig/ nicht wichtig	Bewertung Leistung (aus Sicht Mandant) voll und ganz/ trifft zu/ gar nicht
arbeitet ausgesprochen gewissenhaft und zuverlässig	☐☐☐☐☐☐☐	☐☐☐☐☐☐
ist ausgesprochen flexibel	☐☐☐☐☐☐☐	☐☐☐☐☐☐
Wissen ist immer auf neuestem Stand	☐☐☐☐☐☐	☐☐☐☐☐☐
kompetent in allen EDV-Fragen	☐☐☐☐☐☐	☐☐☐☐☐☐
hoher Standard Datenschutz und -sicherheit	☐☐☐☐☐☐	☐☐☐☐☐☐
insgesamt modern und innovativ	☐☐☐☐☐☐	☐☐☐☐☐☐

§ 8 Erfolgsfaktor Mandantenzufriedenheit

bietet individuelle Lösungen, nicht Standard

immer kompetente Gesprächspartner

hat Branchenverständnis, versteht mein Geschäft

praxisnahes Dienstleistungsangebot

berät auch zur Unternehmensführung

belastbar, wenn ich unter Termindruck bin

angemessenes Preis-/ Leistungsverhältnis

klare, eindeutige Honorarabrechnung

vertrauenswürdige Kanzlei

sind alle freundlich und hilfsbereit

Kompetenz in allen wichtigen Fragen, nicht nur Steuern

auch komplizierte Fragen werden verständlich, klar und eindeutig beantwortet

mir gegenüber immer termintreu

dem Finanzamt gegenüber immer termintreu

informiert mich von sich aus

gute telefonische Erreichbarkeit, auch zu ungewöhnlichen Zeiten

kümmert sich stets persönlich um mich

gut organisierte Arbeitsabläufe

angenehme Büroatmosphäre

angenehme Gesprächsatmosphäre

bietet regelmäßigen persönlichen oder telefonischen Kontakt

B.   Fragebogen-Einsatz

Im Ganzen gesehen würde ich folgende „Schulnote" geben:

1 2 3 4 5 6
☐ ☐ ☐ ☐ ☐ ☐

Ganz herzlichen Dank für Ihre Mitarbeit. Wenn Sie noch weitere Anmerkungen haben, notieren Sie sie bitte hier:

Fragebogen zur Mitarbeiterzufriedenheit

	Wichtigkeit für Mitarbeiter (aus Sicht Mandant)	Bewertung (aus Sicht Mitarbeiter)
	sehr wichtig/ nicht wichtig	trifft zu voll und ganz / gar nicht
Ich kenne die Kriterien der Leistungsbeurteilung	☐☐☐☐☐☐	☐☐☐☐☐☐
Es gibt feste Bestimmungen für die Vergütung	☐☐☐☐☐☐	☐☐☐☐☐☐
Mit dem System bin ich zufrieden	☐☐☐☐☐☐	☐☐☐☐☐☐
Ich fühle mich menschlich anerkannt	☐☐☐☐☐☐	☐☐☐☐☐☐
Ich trage zum Erfolg der Kanzlei bei	☐☐☐☐☐☐	☐☐☐☐☐☐
Neue MA werden „ins kalte Wasser" geworfen	☐☐☐☐☐☐	☐☐☐☐☐☐
Mit den Sozial- und Nebenleistungen bin ich zufrieden	☐☐☐☐☐☐	☐☐☐☐☐☐

§ 8 Erfolgsfaktor Mandantenzufriedenheit

Wir haben ein schlechtes Betriebsklima

Routinearbeiten werden konsequent auf die MA delegiert

Die Kanzlei investiert und ist innovativ

Die Zusammenarbeit aller könnte besser sein

Wir haben Regeln, an die sich jeder halten sollte

Ich habe angemessene Freiräume

Entscheidungen werden abgestimmt

Die Arbeitszeit könnte flexibler sein

Ich würde die Kanzlei als Arbeitgeber empfehlen

Ich kann mein Wissen und Können voll einsetzen

Mein Handlungsspielraum ist zu gering

Meinen Arbeitsplatz halte ich für sicher

Das Info-Management könnte besser sein

Immer ist Zeitdruck und Stress

Die Organisation muss verbessert werden

Über die wesentlichen Dinge der Kanzlei werde ich informiert

Die Kanzlei ist sehr bürokratisch organisiert

Meine Arbeit fordert mich zu wenig heraus

Mein Chef ist an meiner Meinung nicht interessiert

B. Fragebogen-Einsatz

Mein Chef kritisiert MA vor anderen, MA und Mandanten

Fehler werden bei uns sachlich behandelt und dann behoben

Im Ganzen gesehen würde ich folgende „Schulnote" geben:

1 2 3 4 5 6

Ganz herzlichen Dank für Ihre Mitarbeit. Wenn Sie noch weitere Anmerkungen haben, notieren Sie sie bitte hier:

🛈 Hinweise zur Tabelle

Dieser Fragebogen ist zweigeteilt ind Mandantenfragebogen und Mitarbeiterfragebogen. Es ist sehr wichtig, dass diese Fragebögen und die darin enthaltenen Aussagen und Bewertungen anonym bleiben. 4

Es bedeutet nur wenig Aufwand, den Mandanten in bestimmten Zeitabständen den Fragebogen zuzusenden und um Beantwortung und Rückgabe zu bitten. Zweckmäßigerweise sollte ein Rückporto-Umschlag beiliegen. 5

Es ist vollkommen klar, dass Selbst- und Fremdbild auseinander fallen werden. Entscheidend ist, das gelieferte Fremdbild zu untersuchen und daraus Verbesserungsmöglichkeiten abzuleiten. Dazu werden die Einschätzungen der Mitarbeiter und auch der Mandanten jeweils in ein einfaches Portfolio übertragen, um einen transparenten Überblick auf die Aufgabenstellungen zu haben. 6

Insgesamt ergibt sich ein positives Bild der Kanzlei. Verbessert werden müssen Flexibilität, Erreichbarkeit, Betriebsklima und Zusammenarbeit. Die Wichtigkeit dieser Felder ist hoch und die Erfüllung eher niedrig eingeschätzt. Es handelt sich um lösbare Probleme. 7

8 In einer erfolgreichen, gut geführten Kanzlei arbeiten die Mitarbeiter motiviert zusammen. Ihr Gehalt ist dabei keineswegs die wichtigste Motivation. Was also bestimmt Menschen, in einer Unternehmensorganisation so zusammenzuarbeiten, dass Erfolge erzielt werden?

C.   Motivatoren vs. Hygienefaktoren

9 Hierzu ist zu unterscheiden zwischen Motivatoren und Hygiene-Faktoren

10

Motivatoren	Hygienefaktoren
Leistungserfolge Aufgabenbewältigung	Führungsstil des unmittelbaren Vorgesetzten Führungstechniken
Anerkennung Lob Bestätigung	Unternehmenspolitik Unternehmenskultur Unternehmensorganisation
Interessante Aufgaben berufliche Herausforderungen	Ausstattung des Arbeitsplatzes Kollegen
Übernahme von Verantwortung Übernahme von mehr Verantwortung	Unterstellte Sozio-emotionale Beziehungen zum Vorgesetzten
Beförderung Aufstieg Karriere	Status Prestige Rangordnung
Selbstentfaltung Qualifikation Dazulernen Weiterentwicklung	Sicherheit Kündigungsgefahr Gehalt Einkommen Vergütung

11 Motivatoren fördern die Selbstmotivation eines jeden Mitarbeiters. Interessante Aufgaben, Anerkennung, Gehaltsbestandteile neben geldlichen Leistungen, Aussicht auf Beförderung bewirken einen sich selbst verstärkenden Kreislauf.

12 Hygienefaktoren wirken auf Mitarbeiter ein, wenn Defizite feststellbar sind. Sind diese beseitigt, ist die Wirkung jeder weiteren Verbesserung gleich Null.

13 Motivatoren und Hygienefaktoren gemeinsam ist, dass es über ihre Größe keine absoluten Aussagen gibt. Jeder Mensch empfindet die Wirkung von Motivatoren und Hygienefaktoren unterschiedlich. Das liegt daran, dass jeder Mensch in seinen Bedürfnissen unterschiedlich ist. Auch verändert sich die Position eines Menschen im Laufe seines Lebens in Relation zu seinem Umfeld mehrfach. Daraus erwachsen immer wieder unterschiedliche Bedürfnisse. So kommt es zu dem Phänomen, das zwei Mitarbeiter auf demselben Arbeitsplatz bei gleicher Leistung und gleichen Vergütungen ihr Gehalt einmal als angemessen und einmal als nicht angemessen bezogen auf die erbrachte Leistung bezeichnen können.

D. Hilfsmittel Motivationsbilanz

Stimulanz/Reiz- und Risikolust	Dominanz/ Macht

Nahrung
Sexualität
Schlaf
Atmung

Diese Instruktionen steuern und bestimmen über unser Verhalten. Ihr Einfluss ist uns weitgehend unbewusst und kaum veränderbar.

Balance/Sicherheit

* Quelle: Hans-Georg Häusel, HARVARD BUSINESS manager 2/2000

Wir Menschen verhalten uns weit weniger vernünftig, als wir uns im Allgemeinen einzugestehen **14** bereit sind. Unser ganzes Verhalten wird über unsere Erbinformationen gesteuert. Unser Verstand bestimmt lediglich die konkrete Ausprägung, also die Art, wie wir uns verhalten. Vernünftig sind wir stets und immer dann, wenn unsere Erbinformationen und unsere Gene das erlauben. Eine der stärksten Informationen, die in uns gespeichert ist, ist das Streben nach stabilen Verhältnissen. Sicherheit und Schutz sind uns enorm wichtig. Dieses Stabilitätsstreben behindert uns aber regelmäßig, wenn wir Veränderungen vornehmen wollen oder müssen. Wir brauchen uns nur Berichte über gescheiterte Umorganisationen anzusehen oder Entschuldigungen eines gescheiterten Nichtraucherprojekts anzuhören, dann erfahren wir, wie groß die Macht des Wunsches nach stabilen Verhältnissen wirklich ist. Wir fragen dabei nicht, ob die Veränderung uns nützen würde. Auch schädigende Stabilitäten wollen wir gern beibehalten. Wenn wir mit Erfolg das Beharrungsvermögen zur Stabilität überwinden wollen, dann müssen wir neugierig sein. Das sind wir, wenn die Freude an Reizen und Risiken überwiegt. Diese Freude ist wichtig für unsere Weiterentwicklung und die Anpassung an veränderte Verhältnisse. Deshalb ist sie auch genetisch programmiert. Wenn unser Spaß an neuen Herausforderungen groß genug ist, lassen wir unser Sicherheitsbedürfnis außer Acht. Wir lösen Probleme und ändern unser Verhalten.

Genauso genetisch bedingt ist unser Streben nach Macht, Statuserhalt und Verdrängung anderer **15** von Positionen, die wir uns für uns selbst wünschen. Evolutionsbiologisch ist das sinnvoll, aber heute politisch nicht mehr korrekt. Dominanzstreben gestehen wir nur wirklichen Führungspersönlichkeiten zu. Das bedeutet, dass, wenn Menschen erfolgreich zusammen arbeiten sollen, wenn sie gemeinsam Organisationen ändern sollen, sie motiviert sein müssen. Ohne Motivation der Mitarbeiter bewegt sich nichts! Erfolgreiche Kanzleien achten auf die Motivation ihrer Mitarbeiter und vergewissern sich in definierten Abständen darüber, dass die Motivation noch vorhanden ist.

D. Hilfsmittel Motivationsbilanz

Als Werkzeug daür dient eine Motivationsbilanz, die zweckmäßigerweise zunächst die Kanzlei- **16** leitung ausfüllt. Damit legt sie schon einmal das Selbstbild fest und kann es anhand der von den Mitarbeitern zurückgereichten Fragebögen mit dem Fremdbild überprüfen und ggf. steuernd eingreifen.

	Trifft genau zu	Trifft fast zu	Trifft fasst zu	Trifft genau zu	
Mein Arbeitsplatz ist absolut sicher					Ich werde bald gekündigt
Mein Gehalt ist fair und ausreichend					Ich werde schlecht bezahlt
Ich könnte jederzeit einen anderen, vergleichbaren Arbeitsplatz bekommen					Ich bin auf diesen Arbeitsplatz angewiesen
Meine Arbeit macht mir Spaß					Ich gehe nur ungern ins Büro
Meine Arbeit ist interessant und herausfordernd					Ich finde meine Arbeit langweilig und monoton
Die Kollegen sind hilfsbereit und nett; unser Betriebsklima ist super					Meine Kollegen sind nur mit sich beschäftigt, das Klima ist schlecht
Meine Arbeit findet regelmäßig Anerkennung und Lob					Die Qualität meiner Arbeit interessiert hier niemanden
Meine Chefs lassen mir viel Freiraum und Entwicklungsmöglichkeit					Ich habe weder Entscheidungs- noch Entwicklungsmöglichkeiten
Für Planung und Durchführung meiner Arbeit bin ich selbst verantwortlich					Meine Arbeit ist streng reglementiert und wird permanent kontrolliert
Ich kann mir keinen besseren Arbeitsplatz vorstellen					Ich werde wahrscheinlich in Kürze den Arbeitsplatz wechseln

E. Bilanzverbesserung durch strukturierte Gespräche

17 Der Einstieg in den Motivationskreislauf des Mitarbeiters sollte mit einem persönlichen Gespräch mit der Kanzleileitung beginnen, nachdem der Mitarbeiter für sich selbst den Fragebogen zur Motivationsbilanz ausgefüllt und – unbedingt anonym – eingereicht hat. Vorher erstellt die Kanzleileitung aus der Sammlung der eingereichten Fragebögen das „Fremdbild" der Motivation und vergleicht es mit ihrem Selbstbild. Überraschungen sind an dieser Stelle sehr wahrscheinlich. Es geht aber nicht darum, ob Selbsteinschätzung und die Einschätzung anderer sich möglichst entsprechen. Hier geht es um Motivation, also um Führungs- und Managementaufgaben in der Kanzlei. Deswegen sollte das Mitarbeitergespräch auch einer Struktur folgen. Es empfiehlt sich, eine ungestörte Atmosphäre zu schaffen. Keine Telefonate, keine Sekretärin, die „mal eben" 8 Unterschriften braucht; nur der Mitarbeiter ist wichtig. Und: Es ist ein Gebot der Höflichkeit, dieses Gespräch während der regulären Arbeitszeit zu führen. Der Mitarbeiter soll wissen, dass die Kanzleileitung die Freizeit des Mitarbeiters achtet. Geht das ausnahmsweise nicht, dann wird Freizeitausgleich gewährt.

I. Gesprächsführung

Eingangs sollte eine Aufwärmphase mit eher persönlichen, aber nicht zu privaten Themen stattfinden. Dazu gehören allgemeine Fragen zu den Verhältnissen des Arbeitnehmers, die der Kanzleileitung bekannt sind und die ein guter Chef sowieso weiß; z.B. Schule oder Ausbildung der Kinder, Sport des Mitarbeiters etc. Es folgen eher weiche Fragen zur Arbeitssituation. Den meisten Menschen fällt es leicht, sich zu negativen Eindrücken zu äußern. Hier sollte man unbedingt darauf achten, dass das Gespräch nicht nur mit solchen Störfaktoren bestritten wird. Formulieren Sie also Ihre Fragen auch so, dass positiv geantwortet werden kann, denn positive Fragen zielen auf Motivatoren und negative Fragen zielen auf Hygienefaktoren. Sie benötigen eine zutreffende Beschreibung beider Felder. **18**

Da es uns im Allgemeinen leichter fällt, Zustände zu kritisieren, ist die Frage nach dem Lieblingsmandanten eine Variante der Frage nach dem Spaß im Job; die Frage nach dem Schreckensmandanten ist eher dazu geeignet, Frustrationen zu ventilieren. Das hilft dem Mitarbeiter, anschließend nach konkreten Lösungen zu suchen. **19**

Als Chef sollte man sich unbedingt zurückhalten. Sie fragen den Mitarbeiter nach seiner Meinung über seinen Arbeitsplatz. Sie wollen etwas über ihn erfahren. Deshalb ist es wichtig, dass Sie zuhören. Ein guter Berater kann zuhören. Machen Sie sich Notizen, aber notieren Sie so, dass der Mitarbeiter sehen kann, was sie geschrieben haben. Nötigenfalls legen Sie den Notizblock immer wieder mal auf den Tisch. Ihre Aufzeichnungen enthalten keine Geheimnisse und der Mitarbeiter soll das auch gar nicht erst vermuten. Gibt es Fakten, die sie so nicht notieren mögen, merken Sie sich diese eben. **20**

II. Gesprächsstruktur

Die Struktur könnte aussehen wie folgt: **21**

- Was machen Sie privat zur Zeit am liebsten – oder was würden Sie am liebsten tun?
- Worin finden Sie im Job die meiste Freude? Was können Sie ganz und gar nicht leiden?
- Wer ist Ihr Lieblingsmandant? Warum ist er das?
- Und wer ist Ihr Schreckensmandant? Und warum?
- Was könnte Ihre Meinung über diesen Schreckensmandanten ändern? Was können wir, die Kanzleileitung, dazu beitragen? Welche Ideen haben Sie selbst dazu?

Die Fragen lassen sich noch erweitern und auch die Reihenfolge ist variabel. **22**

III. Individuelle, persönliche Ziele des Mitarbeiters

Im Gespräch erarbeiten Sie gemeinsam einen Entwurf für die persönlichen Ziele des Mitarbeiters. Die müssen am Ende des Gesprächs noch nicht ausformuliert sein. Wichtig ist, dass Sie gemeinsam **erreichbare** Ziele ausgesucht haben. Geben Sie dem Mitarbeiter hier möglichst viel Freiheit der Entscheidung; umso eher wird er sich mit diesen Zielen identifizieren und desto größer ist die Chance, dass Sie einen Mitarbeiter zum Erfolg Ihrer Kanzlei führen. Denn Ihr Mitarbeiter wird künftig verstärkt Probleme selbstständig lösen, was wiederum seine Motivation steigert. Lassen Sie Ihren Mitarbeiter in Zukunft nach dem Motto: „Sie können mir jedes Problem auf den Tisch **23** legen, wenn Sie mir eine Lösungsmöglichkeit dazu mitbringen!" …an Aufgaben arbeiten, die immer anspruchsvoller werden können und Sie werden erleben, wie durch diese Selbsthilfe Ihr Mitarbeiter zum Wohle Ihrer Kanzlei arbeitet und freudig bei der Sache bleibt.

IV. Zielansteuerung

24 Erfolgskontrolle ist entscheidend für zielgerichtetes Arbeiten. Das Wort Kontrolle ist im deutschen Sprachgebrauch eher negativ besetzt; wird es jedoch gebraucht im Sinne von „Steuerung", so trifft es die Sache eher. Erfolgskontrolle im Sinne der Messung von Zielannäherung ist das Mittel der Wahl. Der Mitarbeiter erhält die Sicherheit, dass seine Arbeit zur Kenntnis genommen wird, dass er wichtige Aufgaben erledigt und deshalb Aufmerksamkeit verdient und erhält. Er kann dann eventuelle Fehler in seiner Zielansteuerung selbst erkennen und die Richtung selbst korrigieren. Das wird ihm allemal lieber sein als eine permanente Leistungskontrolle preußischer Bauart. Werden Fehler aus eigenem Antrieb erkannt, ergibt sich ein hoher Lernerfolg. Die Kanzleileitung kommt an der Erfolgskontrolle nicht vorbei – und der Mitarbeiter weiß das auch –, weil in der Kanzlei ein bestimmtes Qualitätsniveau erreicht und gehalten werden muss. Dafür ist die Kanzleileitung verantwortlich, nicht die Mitarbeiter.

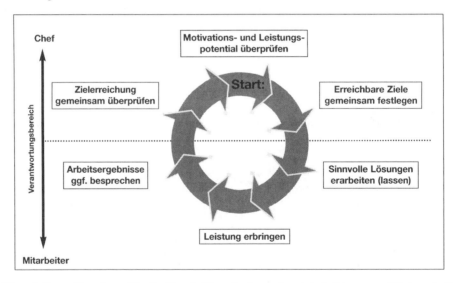

25 Der Vorteil dieses Vorgehens für die Kanzlei liegt in dem sehr viel niedrigeren zeitlichen Aufwand für Motivation. Gelerntes wird sofort umgesetzt, dauerhaft verankert, in der Kanzlei kommuniziert und – wenn die Kanzlei das so organisiert hat – auch im Wissensmanagement allen anderen Mitarbeitern zur Diskussion und zur Nutzung zur Verfügung gestellt. Probleme mit Delegation und Rückdelegation gehören der Vergangenheit an. Es gibt kein Erfolgsgeheimnis, aber guten Rat:

- Unbedingt Zuhören: Der Gesprächsanteil des Mitarbeiters muss bei etwa 70 % liegen
- Mitarbeiter zu Erfolgen führen
- Den Mitarbeiter für erzielte Erfolge loben, und zwar nicht verschämt im Vorzimmer, sondern choram publico!

§ 9 Mitarbeiterbefragung ist Motivation

Selbstbild und Fremdbild fallen naturgemäß auseinander. Ein Unternehmer ist dann erfolgreich, wenn er an seine Aufgaben mit einer optimistischen Grundeinstellung herangeht. Leider verstellt ihm diese an sich positive Grundhaltung gelegentlich den Weg zur Selbsterkenntnis. Deshalb ist es wichtig, die Kanzlei auch aus einem anderen Blickwinkel als dem eigenen zu betrachten. Mitarbeiter haben direkten Kontakt zum Mandanten. Sie wissen, was ihn beschäftigt, wo ihn der Schuh drückt, und sie erleben täglich die Defizite der Kanzlei, denn sie müssen sie abfedern. Aus früheren Arbeitsverhältnissen wissen sie um die Arbeitsbedingungen in anderen Praxen und aus ihrer Berufsaus- und -fortbildung haben sie Kontakt zu Mitarbeitern anderer Kanzleien. Dies alles macht Mitarbeiter sehr wertvoll für einen Blick auf die Leistungen der Kanzlei.

A. Mitarbeiterbogen, praktische Durchführung

Genauso wichtig ist, dass eine Befragung der Mitarbeiter, wenn sie ernsthaft durchgeführt wird, diese einbindet und ihnen das Gefühl von Wichtigkeit und Anerkennung vermittelt. Die Mitarbeiter übernehmen die Verantwortung für ihre Antworten und gemeinsam werden dann die Ziele dieser Befragung erreicht, nämlich Antwort auf Fragen zu erhalten wie:

- Wo sind wir stark? Wo sind wir schwach?
- Wie arbeiten wir noch zufriedener?
- Welchen Handlungsbedarf zur Verbesserung haben wir?
  - Chancen
  - Risiken
- Wo können wir mit wenig Aufwand schnell besser werden? Wo müssen wir ein Projekt aufsetzen?
- Wo stimmt Eigen- und Fremdbild überein? Und wo nicht?
  - Welche Schlüsse ziehen wir daraus?

Es ist durchaus möglich, dass die Antworten, die zusammen erarbeitet werden, nicht jedem gefallen. Offenheit und Kritikfähigkeit sind Voraussetzungen des Erfolges. Man kann über alles sachlich diskutieren, und die Chefs sollten schauen, dass ihr Anteil an den Wortbeiträgen sich in Grenzen hält. Schließlich wollen sie etwas von ihren Mitarbeitern hören. Deshalb sollte gelten: Was auch immer zur Sprache kommt: Keine Rechtfertigungen! Nur Missverständnisse sollten als solche bezeichnet und ein Gespräch darüber angekündigt und terminiert werden. Dieses muss natürlich auch stattfinden, sonst geht Glaubwürdigkeit verloren. Es ist immer erfrischend, aber nie einfach, sachlich und am Ergebnis ausgerichtet Gespräche im Kreise der Mitarbeiter zu führen. Die Mitarbeiter sind in jedem Fall in der Überzahl. Das Ergebnis der Besprechung ist die Mühe auf jeden Fall wert.

Unantastbare Bedingung ist, dass die Mitarbeiter ihre Fragebögen völlig anonymisiert einreichen. Das kann so weit gehen, dass die Fragebögen einem befreundeten Kollegen oder Rechtsanwalt zugesandt, vielleicht auch dort ausgewertet werden. Jeder Bruch der Anonymität wird dazu führen, dass solche Befragungen in Zukunft nicht mehr stattfinden können. Die Folgen für das Betriebsklima wären verheerend. Angesichts des Werts, der hier von den Mitarbeitern übergeben wird, sind die Forderung nach Anonymität und die daraus vielleicht entstehenden Kosten eher gering.

5 Im Fragebogen sollten die Fragen teils positiv (Motivatoren), teils negativ (Hygienefaktoren) gestellt werden. Das Auswertungsverfahren sollten die Mitarbeiter kennen und auch die Ziele der Mitarbeiterbefragung sind kein Geheimnis. Eine grafische Auswertung, die am besten vom Auswerter vorgelegt und nicht von den Chefs selbst erarbeitet wird, könnte aussehen wie folgt:

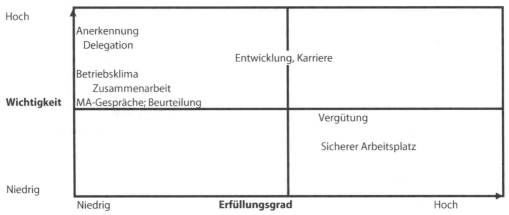

B. Auswertung

6 Im Gespräch mit den Mitarbeitern sollte dies Portfolio besprochen werden. Auch hier gilt: keine Entschuldigungen. Die Änderungen, die in der Kanzlei durchgeführt werden sollen, werden erst noch erarbeitet und bestimmt. Dieser Teil der Kanzleiversammlung ist ohnehin nur das Entrée für die nun folgende Teamarbeit. Die Mitarbeiter sollen gemeinsam mit ihren Chefs in verschiedenen Teams die nachstehenden Fragen beantworten. Jedes Team bekommt eine Frage. Gearbeitet wird mit brainstorming innerhalb von 30 Minuten. Das hat den Vorteil, dass die Zeit begrenzt und keine Antwort ausgefiltert wird.

- 5 gute Gründe für den besten Freund, diese Kanzlei mit einem heiklen Beratungsauftrag zu mandatieren
- 5 gute Gründe für den besten Freund, diese Kanzlei nicht mit einem heiklen Beratungsauftrag zu mandatieren

C. Diskussion

7 Die Ergebnisse werden mit einer Kartenabfrage auf eine Stellwand (Packpapier-Tafel) geklebt. Das Ergebnis könnte z.B. aussehen wie folgt (und auch hier gibt es wieder das beliebte Portfolio):

C. Diskussion

Hoch	Erreichbarkeit Flexibilität	Zuverlässigkeit Kompetenz Mandantenorientierung Dienstleistungs-Portfolio	
Wichtigkeit	Verhältnis Honorar - Leistung		
Niedrig	Niedrig	**Erfüllungsgrad**	Hoch

Nun wird sich eine spannende Diskussion anschließen. Im Eifer der Diskussion sollte man aber nichts überstürzen. Jede Verbesserung braucht Vorbereitung. Zunächst sollte ein Workshop terminiert, vorbereitet und dann abgehalten werden, beispielsweise am Freitagnachmittag. Ausnahmsweise kann dieser mit Einverständnis der Mitarbeiter auch nach Feierabend stattfinden. Eventuell könnte der Abend mit einem gemeinsamen Essen enden.

Veränderungen in der Kanzlei lassen sich nur mit den Mitarbeitern gemeinsam gestalten. Veränderungen gegen den Willen der Mitarbeiter werden nicht gelingen! Die Mitarbeiter haben eine breite Palette von Maßnahmen, die sie gegen Veränderungsbestrebungen setzen können. Wie die Kanzlei funktionieren soll, ergibt sich aus Stellenbeschreibung, Datenflussplan, Arbeitsanweisungen, Prozessbeschreibungen u.v.m. Will die Kanzleileitung etwas ändern, werden Ideen entwickelt, projektiert und programmiert. Oft wird eine „Ruck-Rede" gehalten. „Wir müssen wachsen. Wir brauchen Innovation und Mandantenfreundlichkeit. Darum müssen wir uns ändern!" So angegangen, kann die Sache nur scheitern. Kanzleien funktionieren anders, als die Kanzleileitung glaubt. Die Kanzleileitung glaubt, ihre Kanzlei ist eine Welt, die ihren Idealen entpricht und sie glaubt auch, sie könne diese Welt mit ihren eigenen, irgendwann einmal erlernten Werkzeugen umgestalten. Dazu gehört nur, so ein Berufskollege, ein starker Wille und Führungskompetenz. Dann geht das wie von selbst.

So ist das aber nicht. Wunsch und Wirklichkeit unterscheiden sich stark. In seinem Buch „The unwritten rules of the game" riet Peter Scott-Morgan Unternehmensleitungen zu ehrlichen Antworten auf nachstehende Fragen:

- Welchen Rat geben Sie einem Freund, der in Ihrem Unternehmen auf der Karriereleiter aufsteigen will?
- Wie müssen Sie sich im Unternehmen verhalten? Warum ist das so?
- Wer im Unternehmen ist wirklich wichtig und weshalb ist er das?
- Was ist die Erwartung der Mitarbeiter an ihre Arbeit; welche Situationen wollen Sie vermeiden?
- Wie sollte man demnach vernünftigerweise handeln? Was sollte man tun? Was vermeiden? Mit wem Umgang pflegen und mit wem nicht?

Entscheidend ist, mit den hier erhaltenen Antworten motivierende, machtausübende, handlungsauslösende Kräfte zu erkennen. Werden Veränderungen angestoßen, treffen sie auf diese Kräfte

§ 9 Mitarbeiterbefragung ist Motivation

und es kommt naturgemäß zu Spannungen, denn das Streben nach Veränderung strebt gegen ein Beharrungsvermögen. Beides passt nicht zusammen. Es entstehen Nebeneffekte, die durchaus gefährlich für ein Unternehmen werden können.

Diese Nebeneffekte teilen sich in 2 Kategorien:

1. Wie stark wird der Konflikt zwischen Veränderung und Beharrung von den Mitarbeitern wahrgenommen?
2. Wie wirkt der Veränderungsdruck auf die motivierenden, machtausübenden und handlungsauslösenden Kräfte?

Zwischen Wahrnehmung und tatsächlicher Druckbelastung besteht eine Spannung, die sich wie folgt auswirkt:

- Begrüßung der Veränderungen durch Mitarbeiter sind nur Lippenbekenntnisse; Mitarbeiter, die sich so verhalten, stimmen nach außen hin zu, ändern aber ihr Verhalten nicht. Sie werden illoyal. Irgendwann wird Zynismus erkennbar.

- Zu viele unterschiedliche und gleich starke motivierende Kräfte verzerren die Wahrnehmung der Kanzleileitung zur Selbsttäuschung. Das geschieht vornehmlich, wenn an und für sich positive Visionen und Ziele – die die Mitarbeiter wohl befolgen würden, wären sie nicht so zahlreich – mit dem Alltagshandeln im Tagesgeschäft nicht zusammenpassen.

- Wenn die Veränderungsmaßnahmen widersprüchlich sind, kein geschlossenes Konzept ergeben, dann kommt es zu Sabotageakten. Die besten Mitarbeiter gehen, das Mittelmaß bleibt, hält sich für „sehr gut und unersetzlich" und schaut nur noch auf seine eigenen Interessen und deren Durchsetzung. Die Kanzlei ist im Wettbewerb geschwächt.

- Neue Entscheider/Leistungsträger in der Kanzlei, die keine ausreichende Machtausstattung zur Durchsetzung ihrer Ideen haben, werden ignoriert, übergangen, isoliert und verfallen letztlich in Lethargie oder verlassen die Kanzlei schnellstens wieder.

- Wenn Entscheider/Leistungsträger gleich stark scheinen, kommt es zur Machtfrage, deren Beantwortung durch Bestreiten eines offenen oder verdeckten Konflikts stattfinden wird. Kommen unklare Rollenverteilungen in größerem Ausmaß hinzu, wird die Kanzleiführung schwierig.

- Setzt sich einer dieser Entscheider/Leistungsträger gegen den anderen oder (schlimmer noch) dessen Mitarbeiter durch, so werden sich die Unterlegenen miteinander verschwören gegen den Sieger. Es wird intrigiert, es kommt zu Illoyalität. Am Ende stehen ganz einfach schlechte Beratungsleistungen, die der Mandant aushalten muss.

- Leise oder schwache Signale handlungsauslösender Kräfte werden nicht mehr wahrgenommen, d.h. Anweisungen werden nicht mehr umgesetzt. Es arbeitet dann jeder so, wie es ihm gerade einfällt.

- Es kommt in dieser Situation zu widersprüchlichen Anweisungen. Die Mitarbeiter schützen sich durch Tarnung. Sie verstecken Informationen, teilen diese nur noch mit Partnern in ihrer Gruppe. Geplantes Arbeiten und gezielte Mandantenbetreuung ist so nicht mehr möglich.

- Da die Mitarbeiter ständig mit Angstgefühlen geplagt werden, wollen sie keine Fehler mehr machen, sich bloß nichts zuschulden kommen lassen. Es wird bestenfalls noch das Tagesgeschäft abgewickelt. Die Wirtschaftlichkeit der Kanzlei nimmt beängstigend schnell ab.

An dieser Spirale ist niemand schuld! Es verhalten sich eigentlich alle „vernünftig". Die Mitarbeiter halten sich an die in der Kanzlei herrschenden – vereinbarten oder „ungeschriebenen" – Regeln. Solange die Mitarbeiter sich bedeckt halten, kann die Kanzleileitung Illoyalitäten nicht entdecken. Sie fragt sich natürlich, warum sie mit ihrer Initiative – wieder einmal – scheitert. Wer diese Spirale unterbrechen will, wer Veränderungen erfolgreich einführen will, der muss auch die „verdeckten" Spielregeln kennen, sichtbar machen und die auftretenden Konflikte lösen.

Das wesentliche Merkmal der Heimlichkeit ist, dass Heimliches nicht offensichtlich ist und auch nicht sein soll. Bevor mit der Konfliktlösung begonnen werden kann, muss zuerst einmal ein Bewusstsein dafür da sein, dass es in der Kanzlei sog. „heimliche Spielregeln" und auch „heimliche Mannschaften" gibt. Das ist Fakt, und die Kanzleileitung muss dagegen nichts unternehmen; wie sollte sie auch? Dennoch sollte sie mit den Beteiligten intensive Gespräche mit gezielten Fragen führen. In Kanzleien, die in verschiedenen Teams organisiert sind, müssen die Team- oder Gruppenleiter gefragt werden. Diese leiden am meisten unter diesem heimlichen Spiel. Sie stehen nämlich täglich im Spannungsbogen zwischen Mitarbeitern, die Veränderungsbestrebungen unterlaufen und der Kanzleileitung, die Veränderungen durchsetzen will.

Diese Gespräche haben eigene Risiken. Spricht das Gegenüber ehrlich oder berechnend? Erzählt der Mitarbeiter, wie er die Dinge sieht oder stellt er seine Sicht der Dinge verzerrt dar? Und falls ja: warum? Sagt er ehrlich, wer in der Kanzlei wichtig für ihn und seine Arbeit ist und was für ihn am meisten zählt? Hier zu ehrlichen Antworten zu gelangen, hängt ab von der Gesprächskunst der Kanzleileitung; davon, eine positive Gesprächsatmosphäre zu schaffen und zu halten; davon, eine vertrauliche Atmosphäre zu bieten und vor allem, Einfühlungsvermögen für das Gegenüber zu zeigen, zuzuhören.

In solchen Gesprächen werden die „verheimlichten" Regeln und Strukturen deutlich. Dann müssen weitere Schritte folgen. Scott-Morgan empfiehlt dazu einen „Ketzer", der auch gern von außen kommen kann. Der hält der Kanzlei und ihrer Leitung den Spiegel vor. Das, was dort zu sehen ist, wird nicht allen gefallen. Es führt aber zu weiteren Gesprächen über nachstehende Themen:

- Welche Risiken und welche Chancen bieten sich durch die Befolgung der „heimlichen" Spielregeln für die Kanzlei, insbesondere für ihre Kommunikation und ihre Leistungsqualität?
- Welches Verhalten wird gewünscht – im Gegensatz zum bisherigen?
- Welche Kausalketten bestehen zwischen den offiziellen und den heimlichen Spielregeln und ihren Nebeneffekten?
- Wie können die Spielregeln angepasst werden, so dass sie mit den verbleibenden „heimlichen" Spielregeln harmonieren?

Die Antworten auf diese Frage lassen sich hervorragend durch zwei Versammlungstechniken abbilden:

1. Brainwriting
2. Brainstorming

Generelle Zielsetzung beider Techniken ist die Entwicklung von möglichst vielen Ideen in möglichst kurzer Zeit in einer Arbeitsgruppe durch Kombination mit Ideen anderer Teilnehmer oder durch Weiterentwicklung dieser Fremdideen mit Hilfe eines Arbeitsblatts, Aufschreibung auf Formblatt. Vorteil dieser „stillen" Methode ist deren relativ schnelle Durchführbarkeit sowie die Möglichkeit der Auswertung durch eine Person.

Brainwriting (Beispiel 3–3–5)

Jeder Teilnehmer schreibt in jedes Kästchen der ersten Zeile Stichpunkte, die ihm zu diesem Thema einfallen. Wenn alle Kästchen ausgefüllt sind, gibt er das Blatt an seinen Nachbarn weiter (im

§ 9 Mitarbeiterbefragung ist Motivation

Uhrzeigersinn). Gleichzeitig erhält er von einem anderen Nachbarn dessen Blatt. Hier füllt er die nächste Zeile ebenfalls aus, bezieht dabei eventuell die Ideen des Vorgängers mit ein oder verfolgt diese weiter. Dies wird so lange wiederholt, bis jede Zeile ausgefüllt ist, also jedes Gruppenmitglied jedes Blatt bearbeitet hat.

Bei der Variante 3–3–5 bekommt jedes Gruppenmitglied jedes Blatt zweimal, aber auch andere Variationen sind möglich (z.B. bei nur 4 Gruppenmitgliedern).

Thema:

	Idee 1	Idee 2	Idee 3
TN 1			
TN 2			
TN 3			
TN 4			
TN 5			
TN 6			

Brainstorming – Kartenabfrage

Variante 1: Alle Teilnehmer schreiben beliebige oder begrenzte Anzahl von Karten, alle Karten werden gepinnt, Gewichtung durch Mehrfachnennung

Variante 2: Jeder Beitrag wird auf Zuruf von einem (zwei) „Schreiber" auf Kärtchen geschrieben, jeder Beitrag hängt nur einmal

Zielsetzung: Entwicklung von möglichst vielen Ideen, Weiterentwicklung der Ideen anderer auf Pin-Kärtchen, Entwicklung für alle sichtbar

Vorteile: Ergebnis für alle sichtbar und dauerhaft, Weiterentwicklung gut möglich

Auch für die Darstellung von Ursache und Wirkung dieser Wirkkräfte mittels PC gibt es ein Programm, den Modeller von Consideo® www.consideo.de Dieser ist in einer zu Anfang völlig ausreichenden Version als freeware erhältlich. Der Umfang der free version entspricht der full license, lediglich die Anzahl der zu beurteilenden Wirkkräfte ist begrenzt. Für eine Darstellung dieses Problems reicht es aber allemal aus. Es werden die Wirkungen verschiedener Ursachen auf die Kanzlei dargestellt, auch eine monetäre Bewertung ist möglich.

Man muss im Weiteren nicht die gesamte Kanzlei umkrempeln. Vieles funktioniert auch ohne Veränderung sehr gut. Das sollte beibehalten werden. Es ist besser, sich einigen großen und wichtigen Themen anzunehmen. Schrittweise Verbesserungen führen eher zum Erfolg als „der große Wurf". Dabei ist vollkommen klar, dass sich nicht alle Konflikte lösen lassen werden. Das ist auch nicht anzustreben, denn eine Mindestspannung sollte in der Kanzlei bestehen bleiben. Sonst werden alle gemeinsam wieder schläfrig und richten sich in bestehenden Verhältnissen ein. Wichtig ist, dass die Kanzleileitung erkennt, welche ihrer Führungsmethoden und welche ihrer Initiativen zu den in der Kanzlei herrschenden Regeln, seien sie nun heimlich oder offiziell, passen.

§ 10 Wie sieht effektive Kommunikation aus?

In jeder Kanzlei wird den ganzen Tag kommuniziert. Besprechungen, Telefonate, Meetings, Konferenzen, Briefe, Präsentationen … da ist die Welt bunt und farbig. Was uns im Allgemeinen entgeht, ist die Tatsache, dass Kommunikation nicht einschichtig ist, sondern im Gegenteil ein buntes Spektrum von Möglichkeiten hat.

Was das mit unserem Thema zu tun hat? Nun, Missverständnisse sind unvermeidlich und es ist wichtig zu wissen, wie sie entstehen. Nur dann können sie ausgeräumt werden. Für die Zielerreichungen, für die Erbringung einer Leistung, die den Mandanten zufrieden stellt, sind wir alle, Chefs, Mitarbeiter, Mandanten, auf funktionierende Kommunikation angewiesen. Das Problem ist nur: Das, was wir wahrnehmen, ist wahr. Oder: Kommunikation ist das, was ankommt.

Zwischen Sender und Empfänger gibt es 4 Schichten der Kommunikation. Der Sender kann immer dieselbe Botschaft transportieren wollen. Beim Empfänger gibt es immer 4 verschiedene Inhalte, die wahrgenommen werden können. Die 4 Schichten sind:

- Sachinhalt
- Selbstoffenbarung
- Appell
- Beziehung

Diese 4 Ebenen sind nicht auf die Kommunikation in der Kanzlei beschränkt. Wir finden sie überall, in der Abschlussbesprechung der Betriebsprüfung, beim Autokauf, im Gespräch innerhalb der Familie…. wirklich überall.

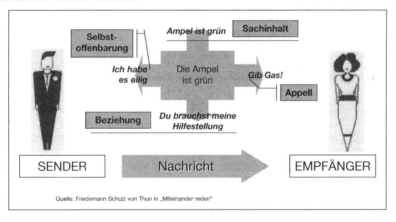

Quelle: Friedemann Schulz von Thun in „Miteinander reden"

A. Wahr ist, was ankommt!

Erschwerend kommt hinzu, dass bei jeder Kommunikation nicht nur der Sachinhalt vermittelt wird. Wir transportieren auch unsere Meinung, unsere Stimmung, unsere Sympathie (oder Antipathie) mit. Das tun wir über Sprache, Stimme und nonverbale Informationen. Immer spricht der ganze Mensch. Nicht jeder Sender – oder Empfänger – erkennt alle mitgeschickten Botschaften und nicht immer sind wir uns der Tatsache bewusst, dass es wichtiger sein kann, wie etwas gesagt wird als was gesagt wird. Denn **wahr ist, was ankommt.** Würden wir alle Informationen, die uns erreichen, aufnehmen, bewerten, uns bewusst machen, wären wir komplett überfordert. Die Reizüberflutung aus akustischen, optischen und sonstigen Signalen wäre eine Sammlung noch zu ordnender Daten. Im Moment der Aufnahme müssen wir uns für das Wesentliche entscheiden, nämlich für das, was wir aufnehmen wollen. Und nur das erreicht uns. Nur dieser selektive Prozess schützt uns vor „information overload". Sicher, das ist Reduzierung, aber welche Alternativen hätten wir in dieser hektischen, komplexen Umwelt? Wir müssen die Informationen, die uns erreichen, auf ein vernünftiges, überschaubares, steuerbares Maß reduzieren. Durch selektive Wahrnehmung – auch das ist klar – verzerren viele Botschaften beim Empfänger. Daraus entstehen Missverständnisse, denn wir Menschen sind in der Lage, über all unsere Sinne Botschaften zu empfangen. Denken wir nur an die Empfindungen, die der Duft einer Frühlingswiese oder eines Meereswindes in uns wachruft. Zur Information, zur Kommunikation mit anderen ziehen wir aber entweder akustische oder optische Signale vor. Dabei können und dürfen wir nicht davon ausgehen, dass *unsere* Signalpräferenz von allen anderen geteilt wird. Wenn wir erfolgreich kommunizieren, dann deshalb, weil wir uns auf den Kommunikationskanal des Empfängers einstellen und dabei gleichzeitig immer wieder überprüfen, ob wir richtig beim Empfänger ankommen. Beispielsweise nutzen wir dazu die Technik des aktiven Zuhörens. Nur über solches oder anderes feedback können wir Störgeräusche minimieren. Ausschalten können wir sie nicht. Dazu sind die Menschen zu unterschiedlich.

6   Die Auswahl an Kommunikationsformen ist in einer Beratungskanzlei sehr groß. Beispielsweise – ohne Anspruch an Vollständigkeit – werden nachstehende Formen genutzt:

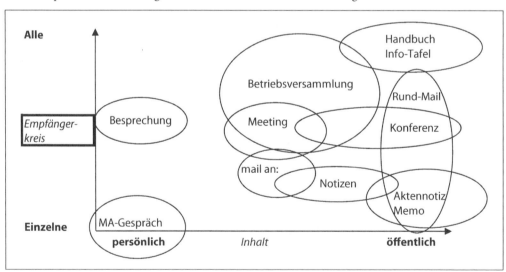

7   Nicht jede Form eignet sich für jeden Anlass. Es gibt, je nach Zielsetzung, Formen, die zu bestimmten Anlässen besser „passen" als andere:

- Änderungen der Rechtslage ohne weiteren Bedarf an Erklärungen: Schwarzes Brett, Rundmail, Aktennotiz, Intranet
- Interne Ausbildung: Betriebsversammlung, Besprechung
- Änderungen der Organisation: Handbuch, Rundmail mit Organigramm, Intranet Betriebsversammlung
- Arbeitsanweisungen: MA-Gespräch, Rundmail, Info-Tafel, Intranet, Prozessbeschreibung

- Hinweise zur individuellen Auftragserledigung: MA-Gespräch, mail an:, Memo, sofern vorhanden: mandantenindividuelle Prozessbeschreibung, z.B. WissIntra oder ProCheck
- Fachfragen: MA-Gespräch, Besprechung, mail an:
- Jahresabschlussbesprechung: Ohne Mandant: MA-Gespräch; mit Mandant: Besprechung
- Info über Besprechung mit/ bei Mandant: MA-Gespräch, mail an: Memo (Gesprächsnotiz)
- Zielvereinbarungen und andere individuelle Vereinbarungen: MA-Gespräch
- Info über Kanzleiziele und bisherige Zielannäherung: Betriebsversammlung, Rundmail

B.   Bündelung der Kommunikation

Von unseren eigenen Vorlieben ist abhängig, wie wir uns mit anderen verständigen. Wichtige Themen sollten immer mündlich und schriftlich verbreitet werden. Die Sicherheit, alle zu erreichen, die betroffen sind, ist einfach größer und in Zweifelsfragen liest jeder gern noch einmal nach und überprüft, ob er das Gesagte richtig verstanden hat.

Kommunikation ist mentale Schwerarbeit und weil die Kräfte nun einmal genauso begrenzt sind wie die Zeit, reicht die normale sog. Führungsspanne über 8–12 Mitarbeiter. Darüber hinaus wird es sehr schwierig. Und das wiederum bedeutet: Kommunikation muss organisiert sein, wenn sie erfolgreich durchgeführt werden soll. Bewährt hat sich ein Maßnahmenbündel:

- Mit jedem Mitarbeiter jede Woche ein Gespräch von 20 bis 60 Minuten über den Stand der Arbeit, insbesondere Einzelprojekte, Status laufender Aufträge, Klärung von Fachfragen, Zwischenberichte, feedback von Schulungsfragen. Wenn die Sache zeitlich gut organisiert ist, kann der Mitarbeiter das alles schon hervorragend vorbereiten und die Besprechung wird effizient.

- Jeden Monat Betriebsversammlung 30 bis 75 Minuten; Statusbericht über Zielannäherungen, Infos über Maßnahmen zur Erreichung der Jahresziele der Kanzlei, Entwicklung von teamübergreifenden Projekten wie z.B. den Erkennungsgrad automatisch erzeugter Bankbewegungsbuchungen, neue Arbeitsanweisungen, Personalwesen, Statusbericht Informations- und Kommunikationstechnik, Mandantenzu- und abgänge, fachinformatorische Besonderheiten. Auch das lässt sich sehr gut organisieren, delegieren und vorbereiten. Der Zeitaufwand dafür ist geringer, als es zunächst erscheint, und der Gewinn, den die Kanzlei aus dieser offenen Kommunikation bezieht, ist enorm. Der mindeste Profit ist die Erkenntnis der Mitarbeiter, einen Chef „zum Anfassen" zu haben.

Wenn der Chef dann bei Abwesenheiten noch via eMail (oder Video-Konferenz; es gibt da inzwischen preiswerte und tolle Systeme!) erreichbar ist – wobei sich jeder natürlich darauf beschränkt, nur bei „Feuer an Bord" oder „Freibier für Alle" zu stören – dann läuft es schon beinahe perfekt.

C.   Kommunikation praktisch

Abschließend noch ein Rat aus der Praxis. Erfolgreiche Kommunikation bedeutet

- Zuhören, zuhören, zuhören
- Geeignete Kommunikationsform wählen/nutzen
- Vorbereiten, zeitlich und thematisch
- Zielsetzung zu Beginn nennen

§ 10 Wie sieht effektive Kommunikation aus?

- Unterschiedlichkeit der Wahrnehmung beachten
- Feedback nach Abschluss einholen, kann einige Stunden bis Tage später erfolgen
- Ergebnisse fixieren, und zwar auf einem Blatt Papier; kann von da aus ins Kanzleiinformationssystem, ans schwarze Brett oder per Rundmail an alle
- Zu jeder Aktivität muss es einen Verantwortlichen und einen Termin geben; und wenn die Sache erkennbar länger dauert, Berichtstermine mit erreichten Meilensteinen

D. Aufgaben des Sitzungsleiters

I. Vorbereitung

Je nach der Art und Anlass der Besprechung kann es sein, dass der Sitzungsleiter die Besprechung im Auftrag durchführt. In diesem Fall sollte er bestimmte Aspekte in enger Abstimmung mit dem Auftraggeber festlegen.

Vor der konkreten Vorbereitung sollte man folgende **Grundsatzfragen** beherzigen: „Ist die Besprechung das geeignete Mittel?", „Kann man auf anderen Wegen das Ziel mit weniger Aufwand erreichen, z.B. eMail, Schriftverkehr, Einzelgespäche, Videokonferenz?"

Leitfragen zur **inhaltlichen** Vorbereitung

- Was will ich mit der Sitzung bzw. mit einzelnen Tagesordungspunkten erreichen?
- Welche Themen/Tagesordnungspunkte sollen behandelt werden?
- Welche Teilnehmer brauche ich, um die anvisierten Ziele zu erreichen?
- Welche Informationen werden benötigt (vor, während, nach der Besprechung)?
- Wie strukturiere ich den Ablauf?
- Ist der Einsatz spezieller Methoden angebracht (z.B. Mindmapping, Punktabfrage)?
- Welche Medien sind angemessen?
- Wie reagiere ich, wenn …?
- Welche Spielregeln will ich festlegen?
- Wie will ich Ergebnisse festhalten und sichern?

Leitfragen zur **organisatorischen** Vorbereitung

- Wann ist der beste Zeitpunkt für die Besprechung?
- In welcher Form und zu welchem Zeitpunkt soll die Einladung erfolgen?
- Ist ein geeigneter Raum mit entsprechender Ausstattung reserviert?
- Sind alle benötigten Medien vorhanden und einsatzbereit?
- Welche weiteren organisatorischen Schritte müssen eingeleitet werden?

II. Durchführung

Hier sind drei Phasen zu unterscheiden, in denen der Besprechungsleiter spezifische Aufgaben übernehmen sollte: Beginn, Verlauf und Abschluss der Besprechung

Aufgaben **zu Beginn** einer Sitzung

- Begrüßung
- Ziel und Ablauf (sachliche und zeitliche Strukturierung)
- Rollen klären
- Organisatorische Fragen regeln
- Teilnehmer einstimmen, aktivieren
- Gemeinsamen Informationsstand sicherstellen
- Spielregeln vereinbaren
- Ergebnissicherung festlegen

Aufgaben **im Verlauf** einer Sitzung

- Gespräch steuern
- Roten Faden und Zielerreichung im Auge behalten
- Zeitbudget beachten
- Auf Einhaltung der Spielregeln achten
- Zusammenfassungen vornehmen

Aufgaben **zum Abschluss** einer Sitzung

- Ergebnisse sichern
- Bilanz ziehen
- Maßnahmen und Termine vereinbaren
- Ausblick geben

III. Nachbereitung

Dies ist eine oft vernachlässigte, aber sehr lohnende Investition zur Verbesserung der Qualität und Effizienz künftiger Sitzungen. Es lohnt sich, die Leitfragen zu beantworten.

Leitfragen zur **Nachbereitung**

- Wurden die anvisierten Ziele erreicht?
- Wenn nein, was hätte man anders machen können?
- Wo gab es Probleme, Stolpersteine im Verlauf der Sitzung?
- Wie kann ich ähnliche Probleme in Zukunft vermeiden?
- Sind die Handlungsaufträge eindeutig zugeteilt und Kontrollabsprachen dazu getroffen worden?

§ 11 Kanzleiziele und -strategien

1   Erfolgreiche Kanzleien haben klare Ziele, die den Mitarbeitern bekannt sind und aus denen die Kanzleileitung Strategien abgeleitet hat, die weiter verfolgt werden. Ein Zielsystem ist das Kernstück jeder Bemühung um leistungsorientierte Vergütungen. Auf dieses Zielsystem können sich Kanzleileitung und Mitarbeiter zu jeder Zeit berufen und sie werden daran auch ständig gemessen. Zunächst machen sich die Inhaber in einer „unter-uns-Veranstaltung" noch einmal deutlich, warum sie diese Kanzlei haben. Scheinbar trivial, ist es doch eine schwierige Frage, die im Tagesgeschäft, in den langen Jahren, in denen die Kanzlei erfolgreich arbeitete, im Bemühen um den besten Rat, untergegangen ist. Hier sind Vorstellungen, ja Visionen gefragt. Es geht dabei um Fragen wie: Welches Image soll die Kanzlei haben? Wo wollen wir langfristig hin? Wie könnte die Nachfolgefrage gelöst werden? Welche Beratungsfelder wollen wir künftig nicht mehr/verstärkt bearbeiten? Aus diesen und anderen Fragen wird die Generalstrategie abgeleitet. Grundsätzlich gibt es für Steuerberatungskanzleien nur 4 Strategien und eine Mischform daraus:

1. **Produktstrategie**: Was bieten wir unseren Mandanten als Rat, mit welchen Dienstleistungen?
2. **Branchenstrategie**: Welche Branchen betreuen wir schwerpunktmäßig?
3. **Honorarstrategie**: Wollen wir die Preisführerschaft oder soll sich in unseren Honoraren die besondere Wertigkeit der erbrachten Beratungsleistungen widerspiegeln?
4. **Servicestrategie**: Wollen wir ein möglichst umfassendes Dienstleistungsportfolio ausfüllen oder beschränken wir uns; wenn ja, auf was?

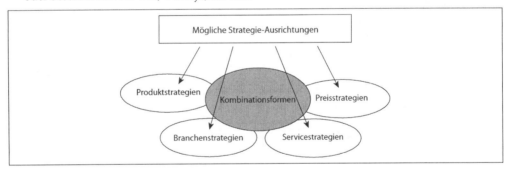

A. Zielfindung, oder: Strategien und Ableitung

Merkmal	Produktstrategie	Branchenstrategie	Servicestrategie	Preisstrategie
Dienstleistungsangebot	Innovative, permanente Weiterentwicklung	Komplettlösungen für eine oder wenige Branchen	Ganzheitliche Lösungen, viele Vollnutzer	Schmal, wenig innovativ, viel me-too
Kundenorientierung	Vermeidung jeder Bürokratie, Systematische Umsetzung der Kundenwünsche in Produkte	Intensive Beziehungen zu Multiplikatoren, Nutzung von Branchentrends	Intensive, partnerschaftliche Beziehungen, extrem niedrige Fluktuation	Keine persönlichen Beziehungen

A. Zielfindung; Strategien und Ableitung

Honorarpolitik	Nutzen- und erfolgsorientiert, aussagekräftiges Controlling	Nutzenorientiert, hohes Preis-/Leistungsverhältnis	Tendenziell hochpreisig	Preisführerschaft
Leistungsprozesse	Schnelle Umsetzung, rasche Vermarktung, hoher Technikeinsatz	Standardisiert und branchenorientiert	Lösungsorientiert bei hoher Geschwindigkeit	Hochgradig standardisiert, einfach und schnell
Entscheidungsstruktur	Hohe Ergebnisorientierung, schnelle Entscheidung, bei Bedarf rasches Handeln	Zentral, aussagefähiges Controlling	Dezentral, hohe Delegation	Zentral, strenge Kontrolle
Aus- und Weiterbildung	Hoch, Förderung von Kreativität und Innovation	Individuelle Schulungen, Förderung Branchenwissen	Intensiv, Förderung Problemlösung	Gering
Mitarbeiterführung	Förderung unternehmerisches Denken, flache Hierarchien	Gemäßigte Delegation, Förderung Effektivität	Hohe Delegation, Förderung eigenständiger Lösungen	Enge Führung, viele MA, Förderung Effizienz

Die Entscheidung für eine reine oder gemischte Strategie ist keineswegs so frei, wie sie hier scheint. Bestimmende Größen sind der lokale Markt, die Zusammensetzung der vorhandenen Mandanten, die persönliche Einstellung der Inhaber, die Fachkompetenzen der Mitarbeiter. Und die Anzahl der Kombinationsmöglichkeiten wächst, wenn diese bestimmenden Größen als veränderbar angesehen werden können.

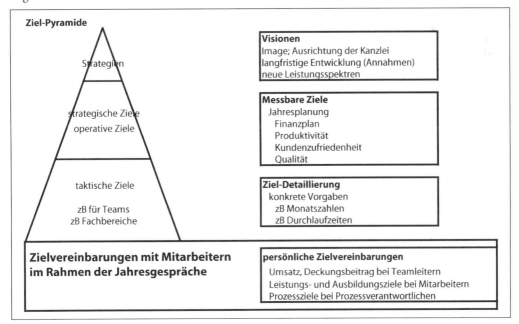

Aus dieser Pyramide ergeben sich die Verbindungen zwischen Visionen, Zielen und Strategien. Ziele müssen messbar sein; sie müssen erreichbar sein, sonst macht sich keiner auf den Weg und sie müssen alle an und in der Kanzlei Arbeitenden motivieren. Visionen unterscheiden sich durch Ziele gerade dadurch, dass sie eine Vorstellung abbilden, wie es sein könnte. Ziele hingegen geben die Vorgabe, wie es nach Ablauf einer bestimmten Zeit sein soll. Ziele, die nicht messbar sind, sind nicht erreichbar. Man muss schon wissen, wo man hin will und wann man ankommen soll. Die Zielbestimmung ist ein komplexer Prozess, der weiter hinten eingehender erläutert wird.

4   Dieses Zielsystem wird an die Anforderungen der Kanzlei angepasst. Die Ziele werden mit Messgrößen versehen, die wiederum dann auf Geschäftsfelder, Mandantengruppen, Teams und Mitarbeiter heruntergebrochen werden.

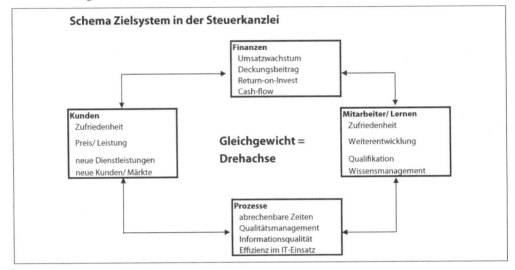

5   Beispielsweise könnten aus dem mit der Kanzleileitung vereinbarten workshop Anregungen und Verbesserungsvorschläge herauskommen, deren Umsetzung eine Organisation erfordert. Da braucht es Zeit- und Geld-Budgets ebenso wie Kosten- und Umsatzvorgaben.

6   Entschließt sich die Kanzlei danach zu einer gemischten Service- und Produktstrategie, so muss das Dienstleistungsangebot -besonders im klassischen Bereich von Finanz- und Lohnbuchhaltung- in Standard- und Zusatzleistungen differenziert werden. Daraus folgend wird konsequenter als bisher abgerechnet. Ziel ist dabei nicht die Steigerung des Umsatzes durch Bepreisung bisher nicht abgerechneter Nebenleistungen wie Belegsortierung, Anfordern von fehlenden Unterlagen, Klärung der Beleglage, Bescheinigungen im Personalbereich, sondern die Rückdelegation von x % dieser Arbeiten an die Mandanten. Die Kanzleimitarbeiter sind für solche Arbeiten überqualifiziert und zu teuer. Finden sich diese Leistungen in der Honorarrechnung, dann werden -völlig klar- Mandanten gehen. Fraglich ist dabei, ob damit zugleich positiver Deckungsbeitrag verloren wird. Nach aller Erfahrung kann davon ausgegangen werden, dass in dieser Situation eher die Deckungsbeitragsverzehrer aus der Klientel ausscheiden werden. Wie auch immer: Entweder ist die Folge eine Zeitfreisetzung der Mitarbeiter für hochwertigere Beratungsleistungen oder die erfolgreiche Bepreisung dieser Nebensächlichkeiten, die dann auch von Aushilfskräften in der Kanzlei erledigt werden können. Wichtig ist eine klare Sicht aller Beteiligten auf diese Dinge und eine ebenso klar kommunizierte Zielsetzung und Meinung der Kanzleileitung hierzu. Die Mitarbeiter müssen „dahinter stehen" können.

Entschließt sich die Kanzlei außerdem, den (nicht allen) Mandanten ein strukturiertes Angebot von Unternehmens- und Rechtsberatungsleistungen zu machen, dann sind zügig Beratungsprodukte zu entwickeln und die Leistungserbringung hierzu zu standardisieren.. Die Leistungen werden systematisch vermarktet. Das heißt, sie werden den Mandanten, die solche Dienste brauchen, aktiv angeboten und es werden auch potentielle neue Mandanten damit beworben.

Der Marktauftritt der Kanzlei könnte sich durch Einführung von Kanzleibroschüren, Verbesserung des Internetauftritts und Verbesserung der Erreichbarkeit der Kanzlei, durch Erweiterung der Öffnungszeiten, durch Flexibilisierung der Arbeitszeiten noch weiter ändern. Man sollte sich aber auf einige Verbesserungen beschränken und diese dann „voll durchziehen". Schließlich leidet die Messqualität der Zielsysteme, je mehr Teilziele gemessen werden müssen, denn sie beeinflussen sich gegenseitig.

I. Absatzplan, Umsatzplan

Sodann wird eine Umsatzplanung auf Basis der getroffenen Vereinbarungen überarbeitet und verabschiedet. Aus dieser Planung erarbeiten die Inhaber und die Teamleiter die Ziele des kommenden Jahres.

§ 11 Kanzleiziele und -strategien

Werte in Euro — Jahresumsatz Mdt

Bereich		unter 50.000	50.000 - 200.000	200.000 - 350.000	350.000 - 500.000	500.000 - 1.000.000	1 Mio - 2,5 Mio	2,5 Mio - 5 Mio	5 Mio bis 10 Mio	über 10 Mio	Summe
Summe	Personalkosten	23.600	49.500	44.450	74.450	83.500	63.050	19.050	21.450	19.500	398.550
	Honorarvolumen	41.500	90.250	84.750	140.000	148.750	117.250	39.500	43.500	44.500	750.000
	Anzahl	100	187	45	73	62	45	5	5	4	526
Rechtsberatung	Personalkosten					2.750	2.750	4.400	4.400	7.700	22.000
	Honorarvolumen					3.750	3.750	7.500	7.500	17.500	40.000
	Anzahl					5	5	1	1	1	13
Untern.Beratung	Personalkosten		1.000			4.050	4.850	3.750	3.950	2.350	19.950
	Honorarvolumen		1.000			7.500	9.000	7.500	7.500	5.000	37.500
	Anzahl		2			5	5	1	1	1	15
private Steuern	Personalkosten	9.900	14.850	5.500	7.700	4.200					42.150
	Honorarvolumen	17.500	30.000	15.000	17.500	10.000					90.000
	Anzahl	80	150	10	8	2					250
Jahresabschluss	Personalkosten	10.750	22.000	24.750	28.600	33.000	27.500	9.900	12.100	8.250	176.850
	Honorarvolumen	20.000	42.500	47.500	62.500	65.000	60.000	22.500	26.000	19.000	365.000
	Anzahl	15	20	20	25	20	15	2	2	1	120
FiBu	Personalkosten	2.950	9.900	12.100	30.250	30.250	24.750				110.200
	Honorarvolumen	4.000	14.000	19.000	47.500	47.500	40.000				172.000
	Anzahl	5	10	10	20	15	10				70
Lohn	Personalkosten	1.750	2.100	7.900	9.250	3.200	1.000	1.000	1.200		27.400
	Honorarvolumen	2.750	3.250	12.500	15.000	4.500	2.000	2.500	3.000		45.500
	Anzahl	5	5	20	15	10	1	1	1		58

A. Zielfindung; Strategien und Ableitung

Neben rein finanzwirtschaftlichen Zielen sollen auch für die Bereiche Mandanten, Prozessorganisation und Mitarbeiter/Weiterbildung qualitiative und qunatitative Ziele verfolgt werden. 11

II. Zieltabelle

Die Abbildung einer Zieltabelle könnte dann aussehen wie folgt: 12

■ Finanzen Jahresumsatz > 750.000 €
■ Gewinn nach Vorabvergütung Inhaber > 40.000 €
■ Umsatz Unternehmens- und Rechtsberatung > 77.500 €
  ■ Davon Recht > 40.000 €
  ■ Davon Untern. > 37.500€
  ■ Diese Titel sind untereinander austauschbar
	■ Mitarbeiter/Weiterbildung Zufriedenheit < 3,0
	■ Kompetenz < 3,0
	■ Engagement < 2,5
	■ Weiterbildung MA > 100 h p.a.
	■ Summe Verbesserungsvorschl. > 100
	■ Mitarbeitergespräche
	  ■ Teamleiter monatlich
	  ■ Chefs halbjährlich
	  ■ Betriebsversammlung quartal
	■ Jährliches Zielgespräch

■ Mandantenzufriedenheit < 3,0 ■ Honorar/ Leistung Beurteilung < 3,0 ■ 15 neue Mandante Rechtsberatung ■ 15 neue Aufträge Unternehmensberatung ■ Unrentable Mandanten < 5 ■ Keine ungewollte Mandatskündigung	■ Prozesse Beurteilung Erreichbarkeit < 2,5 ■ Beurteilung Informationen < 2,5 ■ Beurteilung Termintreue < 2,5 ■ Je MA 1.200 h abrechenbar, Vollzeitäquivalent ■ Keine Aufträge ohne Gewinn ■ Qualität Arbeitsergebnisse < 2,5

Mit der Einführung strukturierter Mitarbeitergespräche wird es sofort eine Verbesserung der Delegation, der Anerkennung der Leistungen der Mitarbeiter und der Darstellung der Entwicklungsperspektiven in der Kanzlei geben, denn künftig werden regelmäßig Leistungen beurteilt und Perspektiven besprochen. 13

III. Zielverfolgung

Nach der Zielfindung und -bestimmung stellt sich die Frage: Wie erreichen wir jetzt das, was wir vereinbart haben? Dazu führt die Auswahl der richtigen Strategie. Wir sollten unterscheiden in strategisches Denken und operatives Denken. 14

■ **Strategisches Denken: die richtigen Dinge tun**
  ■ Umfasst interne und externe Aspekte
  ■ Umfassend
  ■ Langfristig
  ■ Abstrakt

§ 11 Kanzleiziele und -strategien

- Kreativ
- Konzentriert auf Chancen und Risiken
- Qualitativ
- Sache der Kanzleileitung
- Unsicherheiten sind zugelassen
- **Operatives Denken: die Dinge richtig tun**
  - Fokussiert interne Aspekte
  - Detailliert
  - Kurzfristig
  - Konkret
  - Analytisch
  - Konzentriert auf Effizienz
  - Quantitativ
  - Sache der Mitarbeiter
  - Unsicherheiten werden minimiert.

15 Eine strategische Zielbestimmung setzt voraus, dass wir die Handlungsalternativen unterteilen können in

- Zielführend
- Neutral
- Nicht zielführend

16 Dabei sind die Einflussfaktoren aus aktuellen Tendenzen am Beratungsmarkt zu beachten.

- Große Beratungs- und Prüfungsgesellschaften dringen in das mittelständische Beratungsgeschäft ein; sie sorgen für Preisdruck
- Es gibt erkennbar Sättigungstendenzen, insbesondere im klassischen „Kerngeschäft", das bereits einem Alterungsprozess unterliegt; das führt zu Ertragsdruck
- Die Erwartungshaltung der Mandanten steigt, gleichzeitig sinkt die Bereitschaft, für Sonderleistungen auch Sonderhonorar zu zahlen; die „all-in"-Anspruchshaltung der Mandanten ist immer noch zunehmend; manche Kanzleien versuchen mit einem „all-you-can-eat"-Angebot den Markt zu erobern
- Mandantentreue nimmt ab; die Wechselbereitschaft steigt

17 Die folgenden Umfeldfaktoren erfordern eine klare Ausrichtung der Kanzlei:

B. Umweltfaktoren

Mandanten	<ul><li>Zunehmender Kostendruck</li><li>Honorarpotential erschöpft</li><li>Anspruch an Beratungstiefe zunehmend</li><li>Standarddienstleistungen (FiBu/Lohn) verlieren Umsatzrendite, da austauschbar/automatisierbar</li></ul>

Mitarbeiter	■ Gute Mitarbeiter suchen sich die Kanzlei aus, in der sie arbeiten wollen
	■ Gute Mitarbeiter brauchen ein kreatives und produktives Umfeld
	■ Gute Mitarbeiter erwarten Förderung und Karriere
	■ Gute Mitarbeiter sind, wenn das Umfeld stimmt, leistungsbereit
Wettbewerb	■ Vorbehaltsaufgaben werden wegfallen, der deutsche Gesetzgeber übererfüllt die europäische Harmonisierung
	■ Die Anzahl der Kanzleien wächst, es gibt zunehmend Konkurrenz von Rechtsanwälten und von Service-Dienstleistern im Bereich des Rechnungswesens sowie von Unternehmensberatern
Rahmen-bedingungen	■ Die Halbwertzeit der Steuergesetze nimmt immer weiter ab
	■ Die Kanzlei muss darauf hochflexibel reagieren
	■ Wirtschaftliche und gesellschaftliche Rahmenbedingungen sind verbesserungsfähig
	■ Professionelle Informationstechnik fordert immer noch hohe Investitionen

Aus den schon vorgestellten 4 möglichen Strategien kann durchaus ein compositum mixtum werden. **18**

C. Umsetzung

Die Strategieumsetzung erfolgt durch Festlegung messbarer Ziele. Die Aussage: Wir wollen unseren Umsatz steigern! ist dabei kein Ziel, sondern eine Vorstellung. Ein Ziel würde lauten: „Wir wollen unseren Umsatz im Bereich der Jahresabschlüsse in diesem Jahr um 10 % steigern. Dazu werden die Inhaber sich jeden Honorarvorschlag der Mitarbeiter aus diesem Geschäftsfeld anschauen und die Vollständigkeit der Abrechnung hinterfragen." **19**

Nach der Festlegung der Ziele, der Vereinbarung der Strategie beginnt die Umsetzung, denn **20**

1. die Strategie ist entwickelt
2. die Ziele sind definiert
3. die Maßnahmen der Zielerreichung sind geplant
4. die Ziele sind messbar
5. die Zielannäherung wird von nun an gemessen
6. zur Sicherstellung der Erreichung werden laufend steuernde Maßnahmen durchgeführt

Im Allgemeinen kommt an dieser Stelle die weitere Diskussion auf die Möglichkeit einer Erfolgsbeteiligung der Mitarbeiter. **21**

§ 12 Vergütung nach Leistung – ein Ansatz

1 Einer Beteiligung der Mitarbeiter am Praxiserfolg – neben dem vereinbarten Gehalt – werden enorme Erfolgswirkungen nachgesagt: Der Umsatz steigt so wie die Laune der Mitarbeiter bei der Arbeit. Die Mandanten werden besser zufriedengestellt als bisher, das Betriebsklima wird deutlich wärmer und die Durchlaufzeiten sinken ebenso wie die Debitorenlaufzeiten. Das mag jetzt glauben wer will. Sicher ist, dass vieles davon wahr ist und vieles so nicht eintritt, wenn die Sache nicht geplant angegangen wird.

2 Zunächst noch einmal zu den Rahmenbedingungen:

Ziele	Rahmenbedingungen
Umsatzsteigerung um x innerhalb eines Zeitraums von Y; zuständig: alle	Niveau der vereinbarten Vergütung soll erhalten bleiben
Reduzierung des Aufwands um x innerhalb eines Zeitraums von Y; zuständig: alle	Budget für Boni soll aus Ertragssteigerungen finanziert werden
Servicezeiten werden verbessert, flexibilisiert, verlängert um x h in einem Zeitraum von Y; zuständig: Teamleiter	Zusammensetzung Boni ½ zu ½ aus Praxis- und Individualkomponente
Verbesserung der Mandantenzufriedenheit um die Note 1,0 innerhalb eines Jahres; zuständig: Teamleiter	Berücksichtigung von qualitativen und sozialen Leistungen
Förderung Teamgeist um die Note 1,0 innerhalb eines Jahres; zuständig: Teamleiter	Jährliche Ausschüttung der Boni
Verbesserung Betriebsklima um die Note 0,5 innerhalb eines Jahres; zuständig: Mitarbeiter	Berechnungsbasis: Auftragskalkulationen der Kanzlei, Zeiterfassung, Mandantenbefragung, Mitarbeiterbefragung, Rechnungswesen Kanzlei
Vollständige Erfassung aller Leistungen; zuständig: alle	Kalkulation h-Satz auf Basis Vollkosten plus Gewinnzuschlag

A. Ergebnismessung

3 Die Ergebnismessungen sollte die Kanzleileitung aus zwei Gründen wegdelegieren:
1. Die Chefs sind die teuersten Mitarbeiter und sollten andere Dinge tun
2. Die Messungen sollten nicht Vorgesetzte vornehmen, sondern ganz normale Mitarbeiter. Man entgeht damit jedem Gedanken von „Überarbeitung der Ergebnisse".

4 Ganz wichtig ist auch die Bestimmung der Zuständigkeiten. Hier gilt das alte seemännische Prinzip: **Captains word is law**. Es wird also nicht weiter diskutiert, ob die Person überhaupt geeignet ist, ob das nicht jemand anderes auch und besser kann usw. Die Kanzleileitung äußert hierzu keine eigene Meinung, unterbindet aber die Diskussionen.

5 Die Zuordnung könnte aussehen wie folgt:

■ Messung der Ergebnisse	Lohn und Gehalt: NN
■ Aktualisierung Erledigungsvermerke	Rechnungswesen: NN
■ Integration von neuen Prozessen	Jahresabschluss: NN
	Private Steuern: NN
■ Mitarbeiterschulungen	Unternehmensberatung: NN
■ Lfd. Information	Rechtsberatung: NN
	Eigenorganisation: Herr Prüfer
	Informationstechnik; NN

Wenn es keine Verantwortlichen gibt, wird auch keine Verantwortung übernommen. Deshalb ist es wichtig, ein regelmäßiges Berichtswesen in vertretbarem Rahmen zu installieren und zu delegieren. Je mehr Mitarbeiter Verantwortung tragen, desto besser werden sie ihre Arbeit erledigen. Hier zeigt sich eine Ausprägung des Satzes, dass der Mensch mit seinen Aufgaben wächst. Man sollte sich auch von der Angst lösen, eigene Umsatz- oder Ergebniszahlen zu diskutieren. Die Mitarbeiter gehen damit nicht hausieren; diese Zahlen sind für die Chefs interessanter als für die übrige Welt. Und je mehr diese Zahlen geheim sind, desto reicher werden Inhaber von den Mitarbeitern eingeschätzt. Vertrauen und Offenheit sollten schon da sein. Schließlich wissen die Chefs ja auch Bescheid über das Gehalt der Mitarbeiter.

B. Erwartung der Mitarbeiter

Die Mitarbeiter denken bei dem Stichwort „leistungsorientierte Vergütung" differenziert. Leistungsbereite, flexible Mitarbeiter hoffen auf eine deutliche Verbesserung ihrer Entlohnung, eher sicherheitsbedachte Mitarbeiter fürchten, aufgrund der jährlichen Bewertungsrunde einen Einkommensverlust zu erleiden. Die Kanzleileitung denkt positiv und erwartet eine Umwandlung von Fixkosten in variable Kosten. Sie erhofft sich auch eine Risikostreuung und Teilverlagerung auf die Mitarbeiter. Dafür ist sie bereit, einen Teil des Mehrergebnisses mit den Mitarbeitern zu teilen.

Nun ist es aber so, dass die Stimulation der Leistungsbereitschaft durch finanzielle Anreize schnell nachlässt. Aus der Motivationstheorie wissen wir, dass sog. weiche Faktoren den Mitarbeitern wichtiger sind als das Entgelt. Eine Verbesserung der finanziellen Ausstattung wirkt nur kurzfristig, denn „die ist ja schließlich von mir verdient!" Eine dauerhafte Verbesserung der Kanzleileistung, eine abgesicherte Erreichung der vereinbarten Ziele, steht und fällt mit der Motivation der Mitarbeiter. Diese aufrecht zu erhalten, bedeutet, jeden Tag neu beginnen, geplant und schrittweise vorgehen und die Erfolge zu entwickeln. Vergütung ist nur dann ein Erfolg, wenn die anderen Rahmenbedingungen stimmen. Und das bedeutet u.a.: Zielvereinbarungen; Coaching der Mitarbeiter.

Wenn es gelingt, die Einführung leistungsabhängiger Vergütungen für die Mitarbeiter zunächst ohne jedes Volumenrisiko beim Gehalt zu planen und dann die Chancen eines solchen Systems zu verdeutlichen, dann ist ein großer Schritt getan. Folgende Vorbereitungen sind hierzu notwendig:

■ Eindeutige Zuordnung honorierbarer Leistungen

■ Aussagefähige Leistungserfassungen, zeitnahe Honorarabrechnung, Freizeichnungsverfahren für Honorarrechnungen

■ Erstellung einer Honorarliste für Sonderleistungen

■ Klare Zuordnung der Zuständigkeit für die Mandate; ggf auch für die Aufträge im Mandat

§ 12 Vergütung nach Leistung – ein Ansatz

- Budgetierung und Berichtswesen; regelmäßige Betriebsversammlungen
- Sicherung der Qualitätsstandards durch dazu geeignete Werkzeuge wie Prozessbeschreibungen, Dokumentenmanagement-Systeme, Zertifizierung der Kanzlei o.ä.
- Flexibilisierung der Arbeitszeit

10 Das erfordert hohe Veränderungsbereitschaft auf Seiten der Mitarbeiter und der Chefs. Man muss sich darüber im Klaren sein, dass es bereits ein Gehaltssystem in der Kanzlei gibt. Und dieses vorhandene System enthält bereits materielle und nichtmaterielle Leistungen. Es ist ein gewachsenes System, wie auch die meisten Kanzleien gewachsene Strukturen aufweisen. Das ist kein Problem, denn sie arbeiten ja erfolgreich. Es soll nur besser werden. Mehr nicht. Wie bei jedem System, das vor der Ablösung steht, kommt es zum sog. Kempf'schen Phänomen: Ein System, das vor seiner Ablösung steht, durchfährt am Tage der Entscheidung über die Ablösung den Kulminationspunkt seiner Beliebtheit, was bedeutet: Bloss nichts ändern. Das alte System taugt zwar nichts, aber wir wissen genau, warum. In diesem gewachsenen System werden vergleichbare Dinge nicht gleich behandelt. So gibt es bei gleicher Qualifikation unterschiedliche Vergütungen. Vorsichtig positiv ausgedrückt nennt man dies das Senioritätsprinzip, gelegentlich auch Erfahrungszuschlag. In Wirklichkeit bedeutet es eine Ungleichbehandlung und hat mit Alter, Familienstand, Praxiszugehörigkeit, Umsatzanteil, Komplexitätsgrad der zu erledigenden Aufgaben, unterschiedlicher Führungsspanne, „standing" beim Mandanten und Verhandlungsgeschick zu tun. Nun muss die Vergütung nicht gerecht sein. Der eine oder andere kennt das Gleichnis von den Arbeitern im Weinberg. Einige arbeiteten den ganzen Tag. Andere, später dazugestoßen und eingestellt, nur eine Stunde. Dennoch bekamen sie alle das Gleiche und die den ganzen Tag gearbeitet hatten beschwerten sich. Darufhin fragte der Arbeitgeber: Was wollt ihr? Habe ich Euch nicht gegeben, was vereinbart war? Darf ich mit meinem Geld nicht machen, was ICH will?

C. Gehaltsgerechtigkeit? Gerechte Vergütung?

11 Wirkliche Gehaltsgerechtigkeit gibt es nicht, kann es nicht geben, denn dazu sehen die Beteiligten ihre jeweiligen Beiträge zu unterschiedlich. Um was kann es also gehen:

12
Materielle Leistungen

Tätigkeitsbezogenes Gehalt	*Versicherungen*
■ anforderungsorientiert	■ gesetzlich
■ leistungsorientiert	■ freiwillig
Erfolgsbeteiligung am	*Naturalleistungen*
■ Gewinn	■ Kantine/Essensgutscheine
■ Umsatz/Ertrag	■ Kindergartenkosten
■ Leistung (-ssteigerung)	■ Dienstwagen
	■ Telefonkostenzuschuss
	■ Finanzierung Weiterbildung

13
Nichtmaterielle Leistungen

Persönliche Freiräume	Macht	Soziale Kontakte
Entwicklung, Karriere	Sicherheit	Statussymbole

I. status quo

Mitarbeiter sehen das immer anders! Und die bisherigen „gewachsenen" Systeme sind ja auch nicht einfach, sondern sehr komplex zusammengesetzt. Es hat sich jeder darin und in dem ihn betreffenden Teil eingerichtet. Welche gängigen Systeme finden wir normalerweise vor?

14

Mandantenzufriedenheit

Mitarbeiter/ Fortbildung

Ausgewogene Systeme

Finanzen

Prozesse

Duale Systeme

Individueller Umsatz-/ Deckungsbeitrag

Kanzleigewinn/ Gesamtumsatz

Lineare Systeme

Individueller Umsatz/ Deckungsbeitrag

Festgehälter finden sich in fast allen Kanzleien. In manchen Kanzleien finden sich sog. fringe benefits wie Restaurant-Schecks, Benzingutscheine, Konzertkarten oder auch Einmalprämien wie Weihnachts- und Urlaubsgeld oder projektgebundene Belohnungen. Nach diesen sehr einfachen Systemen ist das lineare System einer erfolgsabhängigen Vergütung sehr beliebt, wahrscheinlich, weil es so bestechend einfach ist. Zur Bemessung der Leistung werden wahlweise Umsatz, über die Zeiterfassung ermittelter Deckungsbeitrag oder „Leistungswerte" (dabei werden Sonderaufträge bepunktet) beigezogen. Alles bisher Gesagte mit allem damit verbundenen Aufwand kann man sich sparen. Diese Systeme leben nach dem Grundsatz: In cash we trust!! Die Mitarbeiter erhalten hier entweder ein voll variables Gehalt oder ein niedriges Grundgehalt und hohe variable Vergütungen. Solch ein System kann schnell von durchsetzungsstarken Mitarbeitern ausgenutzt werden. Das ist das Risiko dieser Einfachheit. Manche Mitarbeiter werden ggf. im Verein mit ihrem Teamleiter dafür sorgen, dass die umsatzstarken Mandate bei ihnen landen und die arbeitsaufwendigen und „fieseligen" Aufträge bei anderen. Im Grunde ist das Darwinismus. Nur setzt sich hierbei auf Dauer nicht der Stärkere durch, sondern die Kanzlei leidet, weil jeder Beratungsauftrag von den Mitarbeitern zuerst „bewertet", also danach hinterfragt wird, was er bringt, und

15

§ 12 Vergütung nach Leistung – ein Ansatz

zwar dem Mitarbeiter! So kann man sein Geschäft auf Dauer nicht mit Erfolg betreiben, denn Mandanten bemerken das sehr schnell und sind darüber nicht erfreut.

16 Duale Systeme berücksichtigen zusätzlich auch die Team- oder sogar die Kanzleizahlen hinsichtlich Umsatz und/oder Deckungsbeitrag. Sie können auch noch mit anderen qualitativen Zielen verbunden sein. Werden diese verfehlt, sinkt die variable Vergütung, im Extremfall gibt es außer dem niedrigen Fixum gar nichts.

17 Die „ausgewogenen Systeme" sind, wie der Name sagt, differenzierter. Sie bauen auf der „balanced scorecard" auf. Es gibt mehrere Zielbereiche. Für jede Dimension gibt es qualitative und quantitative Ziele, die mit einem Punktsystem gemessen werden. Jeder Punktwert kann einheitlich oder variabel gestaltet sein.

§ 13 Chancen und Risiken

Die Einführung leistungsbezogener Vergütungssysteme birgt Chancen und Risiken in sich. Bevor man sich für ein neues System entscheidet, sollte man das alte System mit dem neuen vergleichen und Chancen und Risiken abwägen: 1

Chancen	Risiken
Wegfall der Arbeitszeitkontrolle	Rückgang der Erträge
Mitarbeiter müssen (mit-)unternehmerisch denken	Arbeitsqualität sinkt
Ertragssteigerung	Teamgeist geht verloren
Bindung der Leistungsträger an die Kanzlei	Vernachlässigung der Auszubildenden
Gewinnung leistungsfähiger neuer Mitarbeiter	Mangelnde Fortbildungsbereitschaft
Beschränkung von Kontrollen auf Ergebnisqualität	Unzufriedenheit der Mitarbeiter über Mandatszuordnung
Wegfall- und Überstundenregelungen und jährliche Gehaltsanpassung	Ständige Kritik am neuen Vergütungssystem
	Zu geringer Auslastungsgrad

Was die Risiken angeht, so scheinen sie beherrschbar. Ein möglicher Weg der Einführung ist ein gesicherter Einstieg, bei dem die Festgehälter zunächst erhalten bleiben und Zusatzprämien nach einem skalierten und transparenten System ermittelt und verteilt werden. Schrittweise werden dann die Festgehälter in den 2 bis 3 Folgejahren zu einem Teil gewandelt in variable Vergütungskomponenten. Ausmaß und Geschwindigkeit sind dabei steuerbar. 2

A. Einführung neuer Vergütungsmodelle

Es gibt verschiedene Modelle einer leistungsbezogenen Vergütung; „das" richtige Modell gibt es nicht, was heute richtig scheint, kann morgen überholt sein. Für die Mitarbeiter ist wichtig, was sie erhalten; für die Kanzleileitung ist wichtig, wie das ermittelt wird und was es die Kanzlei kostet. Beziehen wir zunächst die Interessen der Mitarbeiter ein, gibt es drei praxistaugliche Modelle: 3

I. Geringes Fixum

a. Monatliche „Abschläge" auf die Erfolgsbeteiligung
b. Ermittlung der Erfolgsbeteiligung quartalsweise oder jährlich
   i. Wenn quartalsweise: mit oder ohne Ausgleich zwischen den Quartalen eines Jahres
c. Erfolgsbeteiligung kanzleiweit ermittelt, Verteilungsbasis ist der erreichte persönliche Umsatz des Mitarbeiters
   i. Ggf. differenziert nach Geschäftsfeld

d. Sonder-Boni für Sonderleistungen

    i. IT-Betreuung

    ii. Erfolgreiche Einführung neuer EDV-Systeme

    iii. Entwicklung Beratungsprodukte

    iv. Interne Ausbildung

    v. Etc.

II. Kein oder nur ein geringes Fixum

a. Monatliche „Abschläge" auf die Erfolgsbeteiligung

b. Zuordnung aller Aufträge zu fest definierten Kategorien anhand von definierten Arbeitswerten; Bewertung der Leistung danach

c. Festlegung des Entgelts je Arbeitswert

d. Erfolgsbeteiligung = Summe der Arbeitswerte

e. Interne Arbeitswerte für Sonderleistungen

    i. IT-Betreuung

    ii. Erfolgreiche Einführung neuer EDV-Systeme

    iii. Entwicklung Beratungsprodukte

    iv. Interne Ausbildung

    v. Etc.

III. Monatliches Fixum; Erfolgsbeteiligung pro Jahr oder pro Quartal

a. Vergütung von Individual-, Team und Kanzleizielen

    i. Quantitative Ziele; z.B. Umsatz, Deckungsbeitrag, Quote automatisch erzeugter Buchungssätze

    ii. Qualitative Ziele, z.B. Ergebnisqualität; Fallzahlen „veranlagt wie erklärt, gewonnene Rechtsbehelfe werden dazu addiert; Abweichung BWA-Ergebnis ./. Jahresabschluss < 10 %; Aufklärung Klärungskonto < 6 Wochen; Abweichung UstVA ./. UstE < 500 €; Fortbildung, Mandantenzufriedenheit

b. Verteilung der Kanzlei-/Teamanteile nach erbrachten Leistungsanteilen (abrechenbare h * h-Satz)

c. Ermittlung des Individualanteils anhand des erzielten Deckungsbeitrags (Umsatz – Sollleistung)

d. Qualitative positive Ergebnisse sind die Voraussetzung für Erfolgsbeteiligung

e. Jährlich im Voraus festgelegte/vereinbarte Prämien für Sonderleistungen wie Auftragsakquise, Fortbildungsquote, interne MA-Ausbildung etc. inkl. Gewinnung und Durchführung von Sonderaufträgen

B. Balanced scorecard als Werkzeug

Bei jeder Alternative ist es wichtig, die langfristig den Kanzleierfolg sichernden Bestimmungs- 4
größen auszumachen und deren Förderung zu belohnen. Im Zielsystem der balanced scorecard
könnte das angestrebte Gleichgewicht zwischen Zielen und Bewertungskriterien wie folgt reali-
siert werden:

- Gesamtumsatz wird nach Rechnungsausgang lt. RAB ermittelt, nicht versandte Rechnungen
  gehen in die nächste Abrechnungsperiode ein. Diese Bestimmung empfiehlt sich, wenn die
  zeitnahe Abrechnung verbessert werden soll. Dazugehörig sind dann in den o.a. Modellen die
  Quartals-Klauseln.
- Umsatz im Geschäftsfeld Unternehmensberatung
- Persönlicher Umsatz des Mitarbeiters
- Gesamtnote der Mandantenzufriedenheit
- Gesamtnote der Beurteilung Honorar-/Leistungsverhältnis
- Anzahl der Mandanten im Geschäftsfeld Unternehmensberatung
- Qualität der persönlichen Arbeitsergebnisse
  - FiBu lt. Arbeitsblatt BWA-Bewertung
  - Personalabrechnung lt. Rückfrage-Quote Mandant
  - Andere Leistungen lt. Notizen aus MA-Gesprächen
- Persönliche produktive Stunden
- Gesamtnote des Informationsverhaltens der Kanzlei
- Anzahl der umgesetzten persönlichen Verbesserungsvorschläge
- Wirksamkeit der eigenen Fortbildung, Bewertung anhand Notizen aus MA-Gesprächen
- Gesamtnote der Beurteilung der Praxiskompetenz
- Gesamtnote Zufriedenheit der unterstellten Mitarbeiter (nur Führungskräfte)

Um das Ganze rechenbar und beherrschbar zu halten, sollte es ein Punktesystem geben. Für 5
100 %-ige Zielerreichung könnte es z.B. 60 Punkte geben. Für jedes Einzelziel gibt es obere und
untere Punktegrenzen und der Umfang der je Ziel erreichbaren Punkte ist festgelegt. Die maximal
erreichbare Punktzahl sollte bei 50 % Zielüberschreitung liegen; also 90 Punkte sein. Damit die
Bemühung um Zielerreichung alle Ziele erreicht, sollte ein Ausgleich von Punkten zwischen den
Zielen nicht möglich sein. Und: Die Ziele werden jährlich neu definiert.

Kanzleiumsatz

Euro	Punkte
720.000 €	1
735.000 €	2
750.000 €	3
775.000 €	4
800.000 €	5
825.000 €	6
850.000 €	7
	8

Unternehmensberatung

Euro	Punkte
31.000 €	1
33.000 €	2
35.000 €	3
37.500 €	4
40.000 €	5
42.500 €	6
45.000 €	7
	8

persönlicher Umsatz

Euro	Punkte
58200	6
58380	7
58560	8
58740	9
58920	10
59100	11
59280	12
59460	13
59640	14
59820	15
60000	16
60700	17
61400	18
62100	19
62800	20
63500	21
64200	22
64900	23
65600	24
66300	25
67000	26
67700	27
68400	28
69100	29
69800	30
70500	31
71200	32

Kunden Untern Beratung

Anzahl	Punkte
10	1
13	2
15	3
20	4
25	5
	6

Ergebnisqualität

Note	Punkte
2,8	1
2,7	2
2,6	3
2,5	4

produktive Stunden

Anzahl	Punkte
1180	1
1190	2
1200	3
1260	4
1320	5
	6

Verbesserungsvorschläge

Anzahl	Punkte
6	1
8	2
10	3
15	4
20	5
	6

Weiterbildung

Note	Punkte
2,8	1
2,7	2
2,6	3
2,5	4

Minimalerwartung

Normalfall

B. Balanced scorecard als Werkzeug

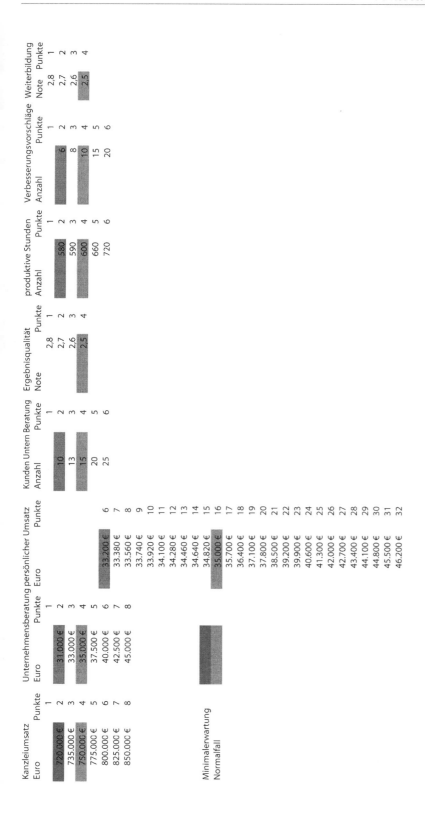

105

§ 13   Chancen und Risiken

8   An diesem Punkt ist eine schnelle Entscheidung gefragt. Die Kanzleileitung muss wissen und dann auch sagen, welches Vergütungsmodell sie nehmen will, denn die Mitarbeiter müssen wissen, was auf sie zukommt. Außerdem muss die Kanzleileitung prüfen, ob die derzeit vorhandene Zahlenbasis die notwendigen Daten einfach und ohne Aufwand liefern kann. Ist das nicht der Fall, dann muss nachgefragt werden, was geschehen muss, um diese Daten einfach und ohne Aufwand erzeugen zu lassen.

C.   Modellierung

9   Sodann ist „Modellierung" angesagt. Das vorliegende Modell ist nur ein Prototyp, der an die Anforderungen der Kanzlei angepasst werden muss. Ist es aus Sicht der Kanzleileitung fertig, wird es in einer Betriebsversammlung vorgestellt. Die dabei aufkommende Diskussion muss unbedingt offen geführt, Kritik in jede Richtung angenommen, erkennbar notwendige Anpassungen sehr schnell vorgenommen werden. Gegebenenfalls sollte ein externer Moderator engagiert werden. Danach ist das Modell verabschiedet und kann eingeführt werden.

10   Das im voranstehenden Bild dargestellte Modell ist schnell nachvollziehbar. Die Zielerreichung wird mit dem in der Kanzlei vorhandenen Zeitanschreibungs- und Kalkulationsprogramm, dem Mandantenfragebogen und den Ergebnissen der jährlichen Mitarbeitergespräche gemessen.

11   Der Punktwert basiert auf einem individuellen externen h-Satz, korrigiert um eine Umsatz- und Arbeitszeitkomponente. Die Arbeitszeitkomponente rechnet die verbrauchte Zeit der Teilzeitkräfte ins Vollzeitäquivalent um und belohnt außerdem „fleißige" Mitarbeiter. Die Umsatzkomponente korrigiert das Absitzen von Stunden und belohnt konsequentes Abrechnen aller erbrachten Leistungen. Gemeinsam errechnen die beiden Komponenten das Verhältnis der Ergebnisse zu den Vorgaben, also den Grad der Zielerreichung.

12   Im ersten Jahr der Modellnutzung sollte jeder Mitarbeiter unbedingt sein bisheriges Gehaltsvolumen als für das Jahr garantierte Mindestgehalt weiter beziehen. Das schafft Toleranz gegenüber den ersten Schritten mit dem neuen Vergütungssystem und sichert die finanzielle Ausstattung der Mitarbeiter ab. Mitarbeiter, die im Bereich der Finanzen aber die Zielvereinbarung nicht erreichen, erhalten in diesem Jahr keine Bonifikation, denn das dafür zur Verfügung stehende Budget wurde von ihnen nicht mit erwirtschaftet.

13   In den Folgejahren kann dann das Grundgehalt schrittweise auf die angestrebte Zielvergütung Fixum gesenkt und der Punktwert der Leistungspunkte entsprechend erhöht werden.

Name	Gehalt	abre- chenb. H	H-Satz	Leistung	Umsatz	Gewinn	unrentable Kunden	Verbesserungs- vorschläge
Kanzleileitung								
H. Chef	60.000 €	750	100,00 €	75.000 €	75.000 €	0 €	1	
H. Junior	60.000 €	750	100,00 €	75.000 €	75.000 €	0 €	1	
MA, auch freie MA								
F. Bachhuber	40.000 €	1.200	60,00 €	72.000 €	75.000 €	3.000 €	1	10
F. Müller	25.000 €	600	60,00 €	36.000 €	40.000 €	4.000 €		10
F. Leuthold	25.000 €	1.000	50,00 €	50.000 €	60.000 €	10.000 €	1	10

C. Modellierung

Name	Gehalt	abre-chenb. H	H-Satz	Leistung	Umsatz	Gewinn	unrentable Kunden	Verbesserungs-vorschläge
F. Karrenberg	18.000 €	600	50,00 €	30.000 €	35.000 €	5.000 €		10
F. Seyd	16.500 €	600	50,00 €	30.000 €	35.000 €	5.000 €		10
F. Sepcke	24.000 €	1.200	50,00 €	60.000 €	65.000 €	5.000 €		10
F. Holdt	17.500 €	600	45,00 €	27.000 €	35.000 €	8.000 €		10
H. Meyer	40.000 €	1.200	60,00 €	72.000 €	80.000 €	8.000 €	1	10
H. Schulze	32.500 €	1.200	55,00 €	66.000 €	75.000 €	9.000 €		0
H. Schmidt	40.000 €	1.200	67,50 €	81.000 €	90.000 €	9.000 €		10
Auszubildende								
Tanja	7.500 €	600	12,50 €	7.500 €	10.000 €	2.500 €		
	406.000 €	11.500		681.500 €	750.000 €	68.500 €	5	90

Szenario IST = SOLL

Name	Soll-Werte						Ist-Werte					
	Gehalt	Abrb. Stunden	H-Satz	Leistung	Umsatz	Gewinn	Abrb. Stunden	Leistung	Gewinn	Punkte	Punktwert/ H-Satz	Zusatz-vergütung
Kanzleileitung												
H. Chef	60.000 €	750	100,00 €	75.000 €	75.000 €	0 €	750	75.000 €	0 €	60	63	3.780 €
H. Junior	60.000 €	750	100,00 €	75.000 €	75.000 €	0 €	750	75.000 €	0 €	60	63	3.780 €
MA, auch freie MA												
F. Bachhuber	40.000 €	1.200	60,00 €	72.000 €	75.000 €	3.000 €	1.200	75.000 €	3.000 €	60	60	3.600 €
F. Müller	25.000 €	600	60,00 €	36.000 €	40.000 €	4.000 €	600	40.000 €	4.000 €	60	30	1.800 €
F. Leuthold	25.000 €	1.000	50,00 €	50.000 €	60.000 €	10.000 €	1.000	60.000 €	10.000 €	60	42	2.520 €
F. Karrenberg	18.000 €	600	50,00 €	30.000 €	35.000 €	5.000 €	600	35.000 €	5.000 €	60	25	1.500 €
F. Seyd	16.500 €	600	50,00 €	30.000 €	35.000 €	5.000 €	600	35.000 €	5.000 €	60	25	1.500 €
F. Sepcke	24.000 €	1.200	50,00 €	60.000 €	65.000 €	5.000 €	1.200	65.000 €	5.000 €	60	50	3.000 €
F. Holdt	17.500 €	600	45,00 €	27.000 €	35.000 €	8.000 €	600	35.000 €	8.000 €	60	23	1.380 €
H. Meyer	40.000 €	1.200	60,00 €	72.000 €	80.000 €	8.000 €	1.200	80.000 €	8.000 €	60	60	3.600 €
H. Schulze	32.500 €	1.200	55,00 €	66.000 €	75.000 €	9.000 €	1.200	75.000 €	9.000 €	60	55	3.300 €
H. Schmidt	40.000 €	1.200	67,50 €	81.000 €	90.000 €	9.000 €	1.200	90.000 €	9.000 €	60	68	4.080 €
Auszubildende												
Tanja	7.500 €	600	12,50 €	7.500 €	10.000 €	2.500 €	600	10.000 €	2.500 €	60	6	360 €
	406.000 €	11.500		681.500 €	750.000 €	68.500 €	11.500	750.000 €	68.500 €	780		34.200 €

§ 13 Chancen und Risiken

15 Szenario IST = SOLL + 10%

Name	Soll-Werte						Ist-Werte					
	Gehalt	Abrb. Stunden	H-Satz	Leistung	Umsatz	Gewinn	Abrb. Stunden	Leistung	Gewinn	Punkte	Punktwert/ H-Satz	Zusatzvergütung
Kanzleileitung												
H. Chef	60.000 €	750	100,00 €	75.000 €	75.000 €	0 €	825	82.500 €	7.500 €	90	76	6.840 €
H. Junior	60.000 €	750	100,00 €	75.000 €	75.000 €	0 €	825	82.500 €	7.500 €	90	76	6.840 €
MA, auch freie MA												
F. Bachhuber	40.000 €	1.200	60,00 €	72.000 €	75.000 €	3.000 €	1.320	82.500 €	10.500 €	90	73	6.570 €
F. Müller	25.000 €	600	60,00 €	36.000 €	40.000 €	4.000 €	660	44.000 €	8.000 €	90	36	3.240 €
F. Leuthold	25.000 €	1.000	50,00 €	50.000 €	60.000 €	10.000 €	1.100	66.000 €	16.000 €	90	50	4.500 €
F. Karrenberg	18.000 €	600	50,00 €	30.000 €	35.000 €	5.000 €	660	38.500 €	8.500 €	90	30	2.700 €
F. Seyd	16.500 €	600	50,00 €	30.000 €	35.000 €	5.000 €	660	38.500 €	8.500 €	90	30	2.700 €
F. Sepcke	24.000 €	1.200	50,00 €	60.000 €	65.000 €	5.000 €	1.320	71.500 €	11.500 €	90	61	5.490 €
F. Holdt	17.500 €	600	45,00 €	27.000 €	35.000 €	8.000 €	660	38.500 €	11.500 €	90	27	2.430 €
H. Meyer	40.000 €	1.200	60,00 €	72.000 €	80.000 €	8.000 €	1.320	88.000 €	16.000 €	90	73	6.570 €
H. Schulze	32.500 €	1.200	55,00 €	66.000 €	75.000 €	9.000 €	1.320	82.500 €	16.500 €	90	67	6.030 €
H. Schmidt	40.000 €	1.200	67,50 €	81.000 €	90.000 €	9.000 €	1.320	99.000 €	18.000 €	90	82	7.380 €
Auszubildende												
Tanja	7.500 €	600	12,50 €	7.500 €	10.000 €	2.500 €	660	11.000 €	3.500 €	90	8	720 €
	406.000 €	11.500		681.500 €	750.000 €	68.500 €	12.650	825.000 €	143.500 €	1.170		62.010 €

15 Szenario Mix max. Punkte

Name	Soll-Werte						Mix; max. Punkte					
	Gehalt	Abrb. Stunden	H-Satz	Leistung	Umsatz	Gewinn	Abrb. Stunden	Leistung	Gewinn	Punkte	Punktwert/ H-Satz	Zusatzvergütung
Kanzleileitung												
H. Chef	60.000 €	750	100,00 €	75.000 €	75.000 €	0 €	750	75.000 €	0,00	80	63	5.040 €
H. Junior	60.000 €	750	100,00 €	75.000 €	75.000 €	0 €	750	75.000 €	0,00	80	63	5.040 €
MA, auch freie MA												
F. Bachhuber	40.000 €	1.200	60,00 €	72.000 €	75.000 €	3.000 €	1.250	70.000 €	2.000,00	50	58	2.900 €
F. Müller	25.000 €	600	60,00 €	36.000 €	40.000 €	4.000 €	650	42.500 €	6.500,00	80	35	2.800 €

Name	Gehalt	Abrb. Stunden	H-Satz	Leistung	Umsatz	Gewinn	Abrb. Stunden	Leistung	Gewinn	Punkte	Punktwert/H-Satz	Zusatzvergütung
F. Leuthold	25.000 €	1.000	50,00 €	50.000 €	60.000 €	10.000 €	1.000	57.500 €	7.500,00	50	40	2.000 €
F. Karrenberg	18.000 €	600	50,00 €	30.000 €	35.000 €	5.000 €	500	35.000 €	5.000,00	50	21	1.050 €
F. Seyd	16.500 €	600	50,00 €	30.000 €	35.000 €	5.000 €	700	37.500 €	7.500,00	85	31	2.635 €
F. Sepcke	24.000 €	1.200	50,00 €	60.000 €	65.000 €	5.000 €	1.300	60.000 €	0,00	80	50	4.000 €
F. Holdt	17.500 €	600	45,00 €	27.000 €	35.000 €	8.000 €	600	30.000 €	3.000,00	75	19	1.425 €
H. Meyer	40.000 €	1.200	60,00 €	72.000 €	80.000 €	8.000 €	1.200	80.000 €	8.000,00	70	60	4.200 €
H. Schulze	32.500 €	1.200	55,00 €	66.000 €	75.000 €	9.000 €	1.300	80.000 €	4.000,00	80	64	5.120 €
H. Schmidt	40.000 €	1.200	67,50 €	81.000 €	90.000 €	9.000 €	1.300	95.000 €	4.000,00	75	77	5.775 €
Auszubildende												
Tanja	7.500 €	600	12,50 €	7.500 €	10.000 €	2.500 €	600	10.000 €	2.500,00	60	6	360 €
	406.000 €	11.500		681.500 €	750.000 €	68.500 €	11.900	747.500 €	66.000,00	915		42.345 €

Szenario Mix realistisch

17

Name	Soll-Werte						Mix; realistisch					
	Gehalt	Abrb. Stunden	H-Satz	Leistung	Umsatz	Gewinn	Abrb. Stunden	Leistung	Gewinn	Punkte	Punktwert/H-Satz	Zusatzvergütung
Kanzleileitung												
H. Chef	60.000 €	750	100,00 €	75.000 €	75.000 €	0 €	750	75.000 €	0,00	60	63	3.780 €
H. Junior	60.000 €	750	100,00 €	75.000 €	75.000 €	0 €	750	75.000 €	0,00	60	63	3.780 €
MA, auch freie MA												
F. Bachhuber	40.000 €	1.200	60,00 €	72.000 €	75.000 €	3.000 €	1.250	70.000 €	2.000,00	40	58	2.320 €
F. Müller	25.000 €	600	60,00 €	36.000 €	40.000 €	4.000 €	650	42.500 €	6.500,00	70	35	2.450 €
F. Leuthold	25.000 €	1.000	50,00 €	50.000 €	60.000 €	10.000 €	1.000	57.500 €	7.500,00	40	40	1.600 €
F. Karrenberg	18.000 €	600	50,00 €	30.000 €	35.000 €	5.000 €	500	35.000 €	5.000,00	40	21	840 €
F. Seyd	16.500 €	600	50,00 €	30.000 €	35.000 €	5.000 €	700	37.500 €	7.500,00	70	31	2.170 €
F. Sepcke	24.000 €	1.200	50,00 €	60.000 €	65.000 €	5.000 €	1.300	60.000 €	0,00	70	50	3.500 €
F. Holdt	17.500 €	600	45,00 €	27.000 €	35.000 €	8.000 €	600	30.000 €	3.000,00	65	19	1.235 €
H. Meyer	40.000 €	1.200	60,00 €	72.000 €	80.000 €	8.000 €	1.200	80.000 €	8.000,00	60	60	3.600 €
H. Schulze	32.500 €	1.200	55,00 €	66.000 €	75.000 €	9.000 €	1.300	80.000 €	4.000,00	70	64	4.480 €
H. Schmidt	40.000 €	1.200	67,50 €	81.000 €	90.000 €	9.000 €	1.300	95.000 €	4.000,00	70	77	5.390 €
Auszubildende												
Tanja	7.500 €	600	12,50 €	7.500 €	10.000 €	2.500 €	600	10.000 €	2.500,00	60	6	360 €
	406.000 €	11.500		681.500 €	750.000 €	68.500 €	11.900	747.500 €	66.000,00	775		35.505 €

110   Fortschreibung Vergütungssystem

Name	Gehalt	Ziel 2006	H-Satz	Ziel 2007	Punkt-wert	Fixum	Maxi-mum	Ziel 2008	Punkt-wert	Fixum	Maxi-mum	Ziel 2009	Punkt-wert	Fixum	Maxi-mum
Kanzleileitung															
H. Chef	60.000 €	66.000,00 €	100,00 €	69.000 €	200 €	57.000 €	75.000 €	70.800 €	400,00 €	46.800,00 €	82.800,00 €	72.000 €	600,00 €	36.000,00 €	90.000,00 €
H. Junior	60.000 €	66.000,00 €	100,00 €	69.000 €	200 €	57.000 €	75.000 €	70.800 €	400,00 €	46.800,00 €	82.800,00 €	72.000 €	600,00 €	36.000,00 €	90.000,00 €
MA, auch freie MA															
F. Bachhuber	40.000 €	43.600,00 €	60,00 €	46.000 €	120 €	38.800 €	49.600 €	47.200 €	240,00 €	32.800,00 €	54.400,00 €	48.000 €	360,00 €	26.400,00 €	58.800,00 €
F. Müller	25.000 €	28.600,00 €	60,00 €	28.750 €	120 €	21.550 €	32.350 €	29.500 €	240,00 €	15.100,00 €	36.700,00 €	30.000 €	360,00 €	8.400,00 €	40.800,00 €
F. Leuthold	25.000 €	28.000,00 €	50,00 €	28.750 €	100 €	22.750 €	31.750 €	29.500 €	200,00 €	17.500,00 €	35.500,00 €	30.000 €	300,00 €	12.000,00 €	39.000,00 €
F. Karrenberg	18.000 €	21.000,00 €	50,00 €	20.700 €	100 €	14.700 €	23.700 €	21.240 €	200,00 €	9.240,00 €	27.240,00 €	21.600 €	300,00 €	3.600,00 €	30.600,00 €
F. Seyd	16.500 €	19.500,00 €	50,00 €	18.975 €	100 €	12.975 €	21.975 €	19.470 €	200,00 €	7.470,00 €	25.470,00 €	19.800 €	300,00 €	1.800,00 €	28.800,00 €
F. Sepcke	24.000 €	27.000,00 €	50,00 €	27.600 €	100 €	21.600 €	30.600 €	28.320 €	200,00 €	16.320,00 €	34.320,00 €	28.800 €	300,00 €	10.800,00 €	37.800,00 €
F. Holdt	17.500 €	20.200,00 €	45,00 €	20.125 €	90 €	14.725 €	22.825 €	20.650 €	180,00 €	9.850,00 €	26.050,00 €	21.000 €	270,00 €	4.800,00 €	29.100,00 €
H. Meyer	40.000 €	43.600,00 €	60,00 €	46.000 €	120 €	38.800 €	49.600 €	47.200 €	240,00 €	32.800,00 €	54.400,00 €	48.000 €	360,00 €	26.400,00 €	58.800,00 €
H. Schulze	32.500 €	35.800,00 €	55,00 €	37.375 €	110 €	30.775 €	40.675 €	38.350 €	220,00 €	25.150,00 €	44.950,00 €	39.000 €	330,00 €	19.200,00 €	48.900,00 €
H. Schmidt	40.000 €	44.050,00 €	67,50 €	46.000 €	135 €	37.900 €	50.050 €	47.200 €	270,00 €	31.000,00 €	55.300,00 €	48.000 €	405,00 €	23.700,00 €	60.150,00 €
Auszubildende															
Tanja	7.500 €	8.250,00 €	12,50 €	8.625 €	25 €	7.125 €	9.375 €	8.850 €	50,00 €	5.850,00 €	10.350,00 €	9.000 €	75,00 €	4.500,00 €	11.250,00 €
	406.000 €	451.600 €		466.900 €		375.700 €	512.500 €	479.080 €		296.680,00 €	570.280,00 €	487.200 €		213.600,00 €	624.000,00 €

§ 14 Erfolgreiche Zielvereinbarung

In einer gut geführten Kanzlei werden Mitarbeiter zu Erfolgen hingeführt. Dazu muss es einen Konsens über die gemeinsam zu erreichenden Ziele geben. Die zugewiesenen Aufgaben, Kompetenzen, Verantwortungsbereiche, Budgets müssen allen bekannt sein. Dieses gemeinsame Bewusstsein „pro Kanzlei" ist durch Kommunikation, durch Gespräche mit allen Mitarbeitern, durch Zielvereinbarungen zu erreichen. Sicher sind Arbeitsanweisungen, Kanzleistandards, Prozessbeschreibungen oder Qualitätshandbücher hilfreich – als Ergänzung. Sie können aber Führungsarbeit nicht ersetzen. Es ist unumgänglich, die geplanten Kanzleiziele immer wieder darzustellen und mit jedem Mitarbeiter eine verbindliche Vereinbarung über seinen Beitrag zum Erreichen dieser Ziele zu treffen. Wohlgemerkt: Es geht hier um die erfolgreiche Einführung einer leistungsorientierten Vergütung. Die Voraussetzungen für den Erfolg sind Zielvereinbarung und Steuerung der Zielannäherung.

Zielvereinbarungen sind wie Vertragszusätze zum Anstellungsvertrag. Sie müssen verbindlich sein. Sie sollten unbedingt schriftlich fixiert und von beiden Seiten unterzeichnet werden. Die individuellen Ausprägungen der erfolgsabhängigen Vergütungsanteile werden hier niedergelegt, weshalb weitere zusätzliche Vereinbarungen nicht notwendig sind. Die Zielvereinbarung wirkt zweiseitig; d.h. auch der Mitarbeiter kann sich auf die dort fixierten Beitragsanteile der Kanzlei und der Kanzleileitung berufen. Möglicherweise gibt es beim Mitarbeiter Mandate oder Aufträge mit Sondereinflüssen, positiven wie negativen. Diese Sondereinflüsse wie z.B. Honorarvereinbarungen müssen natürlich kompensiert werden und diese Kompensation muss in der Zielvereinbarung fixiert sein. Dann braucht man keine Zusätze mehr und auch die Zielmessung und die Ermittlung der Erfolgsvergütung ist einfacher. Eine 100 %-ige Erfüllung der Zielvereinbarung hat keine Folgen, denn die Vertragspartner haben getan, wozu sie sich verpflichtet haben. Folgen haben nur Über- oder Untererfüllung, wie bei jedem anderen Vertrag auch. Wichtig ist, dass die Zielvereinbarung konsensuell getroffen wird. Beide Beteiligte müssen damit „leben können". Nun fällt es – zumal in kleinen, inhabergeführten Kanzleien – nicht jedem leicht, Zielvereinbarungen zu entwerfen und dann mit den Mitarbeitern zu besprechen. Diese Mitarbeiterbesprechung kann dem Chef keiner abnehmen. Für Zielvereinbarungen folgen hier einige Hinweise zusätzlich zum schon abgebildeten Muster in der Hoffnung, dies möge die Sache erleichtern. Zielvereinbarungen sollten eine bestimmte Frist enthalten, innerhalb derer sie gelten und es empfiehlt sich, die Dauer auf das Wirtschaftsjahr zu begrenzen und dann eine neue Zielvereinbarung zu treffen, denn

1. zumindest die finanziellen Messgrößen werden aus dem Rechnungswesen bereitgestellt, und dessen Abrechnungsperiode ist das Wirtschaftsjahr
2. Ziele ändern sich, erfüllte Ziele fallen fort, neue Ziele kommen hinzu
3. das Wirtschaftsjahr ist ein guter Beobachtungszeitraum. Unter- oder Überforderungen der vorangehenden Beobachtungsperiode können in der neuen Zielvereinbarung korrigiert werden

Eine Zielvereinbarung, das ergibt sich hieraus ganz deutlich, muss von beiden Seiten gut vorbereitet werden. Sie soll im persönlichen Gespräch – zur Zufriedenheit beider Seiten – durchgebracht werden. Da sie für ein Jahr gilt – und nur in wirklichen Notfällen während dieses Zeitraums geändert werden sollte – , ist in der Vorbereitung gründliches Überlegen angesagt. Das sichert eine effiziente Besprechung und eine Haltbarkeit der Vereinbarung für den geplanten Zeitraum. Die Fehlerquellen in der Vorbereitung sind

§ 14 Erfolgreiche Zielvereinbarung

- **Vorgaben** der Kanzleileitung anstelle von gemeinsam getroffener Vereinbarung
- **Rededominanz** der Kanzleileitung anstelle von aktivem Zuhören
- **Mangelnde Berücksichtigung** der persönlichen Ziele der Mitarbeiter
- **Unzureichende Vorbeitung** auf das Gespräch; kommt beidseitig vor
- **Fehlerhafte Definition** der Kanzleiziele, Ziele sind nicht erreichbar oder nicht auf Mitarbeiterebene heruntergebrochen
- **Keine Vereinbarung** von Ergebnissteuerung (-kontrolle).

4 Über Ziele und Zieldefinitionen ist an anderer Stelle schon ausreichend geschrieben worden. Es gilt, die erarbeiteten Ziele, Kompetenzen, Verantwortlichkeiten und Budgets nun in das Vergütungssystem der Kanzlei umzusetzen. Dazu braucht es einen Kanzleistandard, der für alle Mitarbeiter verbindlich ist. Zunächst werden die quantitativen Ziele auf die Beteiligten verteilt und in einer Tabelle ausgewiesen. Dabei gilt:

Name	Gehalt	abre-chenb. H	H-Satz	Leistung	Umsatz	Gewinn	unrenta-ble Kunden	Verbesse-rungsvor-schläge
Kanzleileitung								
H. Chef	60.000 €	750	100,00 €	75.000 €	75.000 €	0 €	1	
H. Junior	60.000 €	750	100,00 €	75.000 €	75.000 €	0 €	1	
MA, auch freie MA								
F. Bachhuber	40.000 €	1.200	60,00 €	72.000 €	75.000 €	3.000 €	1	10
F. Müller	25.000 €	600	60,00 €	36.000 €	40.000 €	4.000 €		10
F. Leuthold	25.000 €	1.000	50,00 €	50.000 €	60.000 €	10.000 €	1	10
F. Karrenberg	18.000 €	600	50,00 €	30.000 €	35.000 €	5.000 €		10
F. Seyd	16.500 €	600	50,00 €	30.000 €	35.000 €	5.000 €		10
F. Sepcke	24.000 €	1.200	50,00 €	60.000 €	65.000 €	5.000 €		10
F. Holdt	17.500 €	600	45,00 €	27.000 €	35.000 €	8.000 €		10
H. Meyer	40.000 €	1.200	60,00 €	72.000 €	80.000 €	8.000 €	1	10
H. Schulze	32.500 €	1.200	55,00 €	66.000 €	75.000 €	9.000 €		0
H. Schmidt	40.000 €	1.200	67,50 €	81.000 €	90.000 €	9.000 €		10
Auszubildende								
Tanja	7.500 €	600	12,50 €	7.500 €	10.000 €	2.500 €		
	406.000 €	11.500		681.500 €	750.000 €	68.500 €	5	90

A. Wirkung von Zielvereinbarungen

5 Zielvereinbarungen wirken immer für alle in vollem Umfang und ohne Ausnahme. In die Vereinbarung fließen die persönlichen Stärken und Schwächen des Mitarbeiters ein und es erfolgt eine Anbindung an die Vergütung. Ausgangspunkt einer Zielvereinbarung sind die Kanzleiziele. Die Umsetzung auf die Mitarbeiterziele könnte dann wie folgt aussehen:

A. Wirkung von Zielvereinbarungen

- Leistungsziele
  - Finanzielle Ziele
    - Umsatz
    - Deckungsbeitrag
  - Mandantenorientierung
    - Akquise
    - Mandantenbeurteilung
  - Kanzleiprozesse
    - Optimierung
    - Neugestaltung
  - Fachkompetenz
    - Fachliches Lernen
    - Soziales Lernen
- Entwicklungsziele
    - Motivatoren
    - Nutzung von Chancen
- Vergütung
  - Anbindung an Zielsystem
    - Aktive und offene Diskussion
    - Motivationskreislauf beachten

Hierzu – und zur Verdeutlichung der Verbindlichkeit einer Zielvereinbarung – empfiehlt sich   6
eine viergeteilte Erscheinungsform.

I.   Deckblatt

Mitarbeitergespräch

mit

Frau Karrenberg

für den Zeitraum

**01. Januar bis 31. Dezember
2006**

_____

§ 14 Erfolgreiche Zielvereinbarung

Geburtsdatum	19. Mai 1979
Vergütung p.a.	18.000 €
WochenarbZeit	20
In Kanzlei seit	1. April 1995
Qualifikation	StFang
Aufgabenspektrum	15 h FiBu, 5 h JA

II. Kanzleiziele

Kanzleiziele

Ziel	Wert	Messwerkzeug

Finanzen: Wie wollen wir uns für die Kapitalgeber attraktiv machen?		
Umsatz	750.000 €	Auswertung Rechnungschreibung
		Abgleich mit Rechnungswesen
		Erlöskonten; Debitoren
Gewinn	40.000 €	Rechnungswesen
Umsatz Rechtsberatung	40.000 €	Auswertung Rechnungschreibung
		Abgleich mit Rechnungswesen
		Erlöskonten, Debitoren
Umsatz Unternehmensberatung	35.000 €	Auswertung Rechnungschreibung
		Abgleich mit Rechnungswesen
		Erlöskonten, Debitoren
Variabler Vergütungsanteil Mitarbeiter	30.000 €	Excel-Tabelle
		Messung Zielerreichung
		Verteilung nach MA-Gespräch

Kunden: Wie attraktiv wollen wir für unsere Kunden sein?		
Beurteilung; Gesamtergebnis	< 3.0	jährliche Kundenbefragung
Beurteilung Preis-Leistung	< 3.0	jährliche Kundenbefragung
Anzahl Aufträge Rechtsberatung	15	Auswertung Rechnungschreibung
Anzahl Aufträge Unternehmens-beratung	15	Auswertung Rechnungschreibung
unrentable Kunden	< 5	Auswertung Rechnungschreibung
ungewollte Kundenfluktuation	0	Aufzeichnungen Kanzleileitung
ungewollte Mitarbeiterfluktuation	0	Aufzeichnungen Kanzleileitung

A. Wirkung von Zielvereinbarungen

Prozesse: Wo wollen wir hervorragende Leistungen absetzen/ besonders gut sein?		
Beurteilung Erreichbarkeit	< 2.5	jährliche Kundenbefragung
Beurteilung Informationsqualität	< 3.0	jährliche Kundenbefragung
Beurteilung Termintreue	< 2.5	jährliche Kundenbefragung
Abrechenbare Stunden (Vollzeit-Äquivalent)	> 1.200	Auswertung MA-Leistungserfassung
Aufträge ohne Gewinn	0	Auswertung Rechnungsschreibung
Qualität Arbeitsergebnisse	< 2.5	BWA-Bewertung; JA-Bewertung
		MA-Gespräch

Mitarbeiter: Aus- und Fortbildung: Wie halten wir die Kanzlei auf die Zukunft ausgerichtet?		
Zufriedenheit der Mitarbeiter	< 3.0	jährliche anonyme MA-Befragung
Beurteilung Kompetenz	< 3.0	jährliche Kundenbefragung
Beurteilung Engagement	< 2.5	jährliche Kundenbefragung
Weiterbildungs-Stunden (Vollzeit-Äquivalent)	> 100	Auswertung MA-Leistungserfassung
Anzahl Verbesserungsvorschläge MA	> 100	Anzahl eingereichter Vorschläge
jährliche MA-Gespräche	100 %	Auswertung MA-Leistungserfassung
„Kanzlieziele Folgejahr"		

III.   Persönliche Ziele

Finanzen	
Wie soll Ihre Tätigkeit sich aus der Sicht des Kapitalgebers darstellen?	
Umsatz	> 35.000
Gewinn	> 5.000

Kunden
Wie sollten wir uns aus Kundensicht darstellen?
Unterstützung der Kundenzufriedenheitsumfrage durch aktive Ansprache der Mandanten
Frau Karrenberg wird dazu einen Rhetorikkurs besuchen.
10 Interessenten für Rechtsberatung, die an Herrn Chef weitergeleitet werden
10 Interessenten für Unternehmensberatung, die an unseren Herrn Junior weitergeleitet werden
Maximal ein unrentabler Kunde im Mandantenbereich
Verstärkung elektronisches Buchen, Reduzierung der FiBu-Zeiten
Herr Junior unterstützt bei den dazu notwendigen Kundengesprächen.

§ 14 Erfolgreiche Zielvereinbarung

Prozesse

Frau Karrenberg übernimmt die Organisation der Servicezeiten von 08:00 bis 18:00 Uhr.
Ziel ist in diesem Zeitfenster die 100 %-ige Verfügbarkeit. Die Erreichbarkeit muss in der
jährlichen Kundenumfrage mit mindestens 3 beurteilt werden.

Der Stundensatz im Bereich Finanzbuchhaltung soll auf 40 € gesteigert werden.

Dazu sind die Prozesse noch stärker zu automatisieren und dies ist dem Kunden
gegenüber durchzusetzen. Frau Karrenberg erstellt gemeinsam mit Herrn Junior eine
Argumentationsliste und eine Neukalkulation; zu erledigen bis 31. Mai 2007.

600 abrechenbare Stunden

Keine Aufträge ohne Gewinn

Die Ergebnisqualität soll im Mitarbeitergespräch besser als 2,5 sein. Als Indikatoren
werden Nachbearbeitungszeiten, Qualität der Arbeitspapiere, Ergebnisse von Außenprüfungen und Reklamationen von Kunden beigezogen. Ergänzt wird dies durch den
fortlaufend zu führenden „Nachweis des Beratungsnutzens im Mandat".

Lernen

Wie kann die Kanzlei auf die Zukunft ausgerichtet bleiben?

100 h Weiterbildung, die auch zu Hause durchgeführt werden darf

10 Verbesserungsvorschläge

Jahresabschlüsse für die Mandantengruppe xyz besprechungsreif vorbereiten

private Steuererklärungen für Mandanten abc selbstständig erstellen

Patenschaft Tanja. Deren fachliche Weiterbildung ist der Indikator für den Erfolg.

„persönliche Ziele MA"

Externe Schulungsmaßnahmen

Unternehmenssteuer-Reformgesetz

Auffrischung Word für Windows

Rhetorik-Kurs

Interne Aus- und Weiterbildung

Schulung in DokOrg

Lernprogramm Word für Windows

A. Wirkung von Zielvereinbarungen

IV. Erfolgsbeteiligung

Vergütung			
Vergütungsanteil	**2007**	**2008**	**2009**
Zielvergütung bei 100 % Zielerreichung	18.500 €	19.000 €	19.700 €
Vergütung je erreichten Punkt	40 €	80 €	120 €
Garantiertes Grundgehalt	18.000 €	18.000 €	18.000 €
Maximale Vergütung inkl. variablem Anteil	21.200 €	21.700 €	22.400 €

Kanzleiziele	Soll		Minimum	Maximum			
Ziel	Wert	Punkte	Wert	Punkt		Wert	Punkte

Finanzen: Wie wollen wir uns für die Kapitalgeber attraktiv machen?							
Kanzleiumsatz	750.000 €	4	720.000,00 €	2		850.000 €	8
Gewinn	40.000 €	4	20.000,00 €	2		60.000 €	8
Umsatz Rechtsberatung	40.000 €	4	31.000,00 €	2		45.000 €	8
Umsatz Unternehmensberatung	35.000 €	4	31.000,00 €	2		45.000 €	8
persönlicher Umsatz	35.000 €	16	33.200,00 €	6		46.200 €	32
persönlicher Gewinnbeitrag/ DB	5.000 €	4					

Kunden: Wie attraktiv wollen wir für unsere Kunden sein?							
Beurteilung; Gesamtergebnis	< 3.0	4	> 3,2	0		< 2,6	4
Beurteilung Preis-Leistung	< 3.0	1	> 3,2	0		< 2,6	4
Anzahl Aufträge Rechtsberatung	10	2	5	0		25	6
Anzahl Aufträge Unternehmensberatung	10	2	5	0		25	6
Unrentable Kunden	0	2	2	0		0	4
ungewollte Kundenfluktuation	0	2	2	0		0	4

Prozesse: Wo wollen wir hervorragende Leistungen absetzen/besonders gut sein?							
Beurteilung Erreichbarkeit	< 2.5	1	> 2,8	0		< 2,3	2
Beurteilung Informationsqualität	< 3.0	1	> 2,8	0		< 2,3	2
Durchschnitt-h-Satz FiBu	> 40 €	2	30 €	0		> 42 €	2
Beurteilung Termintreue	< 2.5	2	> 2,8	0		< 2,3	2
Abrechenbare Stunden (persönlich)	600	4	> 500	0		< 630	2
Aufträge ohne Gewinn	0	2	> 2	0		0	2
Qualität Arbeitsergebnisse	< 2.5	4	> 2,5	0		< 2,3	2

§ 14 Erfolgreiche Zielvereinbarung

Kanzleiziele Ziel	Soll Wert	Punkte	Minimum Wert	Maximum Punkt	Wert	Punkte
Mitarbeiter: Aus- und Fortbildung: Wie halten wir die Kanzlei auf die Zukunft ausgerichtet?						
Zufriedenheit der Mitarbeiter	< 3.0		> 3,0	0	< 2,8	2
Beurteilung Kompetenz	< 3.0		> 3,0	0	< 2,8	2
Beurteilung Engagement	< 2.5		> 2,5	0	< 2,3	2
Weiterbildungsstunden (Vollzeitäquivalent)	> 100	4	> 75	0	100	2
Anzahl Verbesserungsvorschläge MA	10	4	> 5	0	< 10	2
jährliche MA-Gespräche	100 %	1	> 100 %	0	100 %	1
	74		0		117	

7   Eine so gestaltete Struktur gibt der Zielvereinbarung schon vom Äusseren her eine hohe Verbindlichkeit und Seriosität. Das Deckblatt sollte den Kanzleistandards entsprechend gestaltet werden.

8   In dieser Zielvereinbarung ist alles niedergelegt, was an Mitarbeiterzielen in der kommenden Abrechnungsperiode erreicht werden soll. Auch die Messmethoden sind dort festgelegt und vereinbart. Die Verteilung der Punkte zur Berechnung der Erfolgsbeteiligung ist fixiert. Mitarbeiter und Kanzlei können sich auf diese Vereinbarung berufen. Abgebildet in einer balanced scorecard würde diese Zielvereinbarung aussehen wie folgt:

Finanzen	Mitarbeiter/ Lernen
Alle Kanzleiziele	**Alle Kanzleiziele**
Mitarbeiterumsatz >35.000 € p.a. Mitarbeiter-Gewinn >5.000 € p.a.	10 eigene Verbesserungsvorschläge, gern auch aus Bereichen der Nichtzuständigkeit
	Abschlüsse Mandantengruppe xxx
	Steuererklärungen für Mandanten yyy
	Patenschaft für neue Mitarbeiterin
Mandanten	**Prozesse**
Alle Kanzleiziele	**Alle Kanzleiziele**
10 Interessenten Rechtsberatung weitermelden	Bearbeitungszeiten FiBu: 10 % verkürzen
10 Interessenten Wirtschaftsberatung weitermelden	Beurteilung Erreichbarkeit < 2,5
Anzahl unrentable Mandate in der Abrechnungsperiode: max. 1	Produktive Stunden: mind. 1.200
	Aufträge ohne Gewinn: keiner

9   Diese scorecard sollte im Personal-Management-System der Kanzlei für jeden Mitarbeiter hinterlegt werden, denn es bietet sich damit eine hervorragende Chance, immer wieder gemeinsam mit dem Mitarbeiter die Erreichung seiner Ziele zu diskutieren. Dazu muss die Kanzleileitung allerdings Servicevorleistungen erbringen und sich überlegen, in welchem Zeitabstand sie Besprechungen führen will. Es gibt 2 Alternativen: monatlich oder quartalsweise. Als Serviceleistung

der Kanzlei ist empfehlenswert, die 4 Felder – je nach unterjährigem Erreichungsgrad und unter Ausserachtlassung der per Mandantenumfrage zu erhebenden Bewertungen – einzufärben in.

- ■ Rot   dringender Handlungsbedarf
- ■ Gelb   hier muss etwas geschehen
- ■ Grün   Ziele sind bisher erreicht

und dem Mitarbeiter turnusmäßig zur Verfügung zu stellen. Dabei sollte zweckmäßigerweise gleich ein Gesprächstermin vereinbart werden. Wer sich an dieser Stelle schon differenzierter ausdrücken will, der färbe in der scorecard die Einzelziele je nach Erreichungsgrad entsprechend ein. Vorteil dieser Methode ist: Der Mitarbeiter erhält unterjährig eine Information über die Sicht der Kanzleileitung auf die Annäherung an seine persönlichen Ziele; er wird damit punktgenau reagieren können. Die Information ist einfach strukturiert und aus sich selbst heraus verständlich. Nachteil dieser Methode: Sie kostet Zeit und wenn die Kanzleileitung dies nicht wegdelegiert, dann wird es teuer. Diese Aufgabe ist delegierbar, so dass die Kanzleileitung nur wenig Vorarbeit erbringen muss (das sollte sie im Interesse der Zielerreichung durch Steuerungsmaßnahmen aber ohnehin tun) und dann turnusgemäss Mitarbeitergespräche führt, die aber durch diese Maßnahme strukturiert ablaufen und dem Mitarbeiter helfen, seine Ziele zu erreichen oder seine Grenzen zu erkennen.

Zur Erinnerung sei noch einmal ausgeführt, dass die Grundregeln für erfolgreiche Zielvereinbarungen lauten: **10**

- ■ Ziele sind stets individuell zu formulieren. Sie müssen machbar, messbar und motivierend sein. Sie müssen den Fähigkeiten und Kenntnisses des Mitarbeiters entsprechen
- ■ Die Formulierung der Ziele ist konkret, klar und einfach
- ■ Entwicklungs- und Unterstützungsmaßnahmen müssen schriftlich fixiert sein
- ■ Zur Förderung der Machbarkeit ist stets die Vernetzung mit anderen Unternehmenseinheiten zu prüfen
- ■ Wann und wie Zielerreichungen überprüft werden, wird gemeinsam vereinbart
- ■ Die Rahmenbedingungen, unter denen die Arbeit geleistet werden soll, müssen „stimmen".
- ■ Wenn die Mitarbeiter Ideen, Anregungen und Änderungsvorschläge mitbringen, so sind sie aktiv zu hinterfragen und nach Möglichkeit zu berücksichtigen

B.   Stellenbeschreibungen

Ein wichtiges Element von Zielvereinbarungen sind Stellenbeschreibungen, regeln sie doch die Rechte und Pflichten auf der Stelle, die Vertretung, die Über- und Unterstellung. Eine gut gefasste Stellenbeschreibung hilft auch in der Findung variabler Vergütungen, weil sie auf das Zielsystem einwirkt.   **11**

Stellenbeschreibung

Sachbearbeiter/ -in Finanzbuchhaltung

Ziele der Stelle   selbstständige und termingerechte Durchführung von Mandantenbuchhaltungen

§ 14 Erfolgreiche Zielvereinbarung

berufstypische Aufgaben	Durchführung von Buchhaltungen
	Einrichtung neue Mandanten
	vollständige und fristgerechte Erledigung
	Mandantenkorrespondenz
	z.B. Beleganforderungen
	z.B. Rückfragen
	z.B. Kurzmitteilungen
	z.B. Rücksendungen von Belegen
Sonstige Aufgaben	Ausbildung von Auszubildenden im Fachbereich Finanzbuchhaltung
	Unterstützung von Kollegen im Fachbereich Finanzbuchhaltung
	Fertigstellungsplanung in Zusammenarbeit mit der Kanzleileitung
Anforderungen an Stelleninhaber	Steuerfachangestellter oder gleichwertige Kenntnisse
	genaues Arbeiten
	Verantwortungsbewusstsein
	Anwendungskenntnisse über in der Kanzlei genutzte Software

Besondere Kompetenzen

Vertretungen
Stelle vertritt
Stelle wird vertreten von

Vergütung
Fest
Variabel

12 Ob man das eingangs vorgestellte Muster, ein anderes oder vielleicht sogar ein schon vorhandenes kanzleieigenes nimmt; auf diese nachfolgenden Elemente sollte man achten und sie in die Vereinbarung aufnehmen:

- ▪ Stellenbezeichnung
- ▪ Vorgesetzter
- ▪ Mitarbeiter
- ▪ Datum des Gesprächs, Uhrzeit (aus der ergibt sich die Dauer)
- ▪ Arbeit und zu erledigende Aufgaben
- ▪ Arbeitsumfeld
- ▪ Zusammenarbeit in der Kanzlei
- ▪ Stärken und Verbesserungen
- ▪ Fachliche Förderung
- ▪ Unterschriften Kanzleileitung und Mitarbeiter

§ 15 Steuerung der Zielannäherung

Die Annäherung an die vereinbarten Ziele muss permanent überwacht und gesteuert werden. Bei Abweichungen sollte unverzüglich eingegriffen werden können. Für betriebswirtschaftliche Kennzahlen ist das mit unterschiedlich großem Aufwand möglich, und wer DATEV-Anwender und fit und firm ist in der Benutzung der Wirtschaftsberatungsprogramme der DATEV, der nutze dazu am besten das Programm „Frühwarnsystem". Durch seine Anbindung an Kanzlei-Rechnungswesen und die quasi automatische Überwachung individuell vorzudefinierender Kennziffern werden diese bei jeder Abrechnungsperiode abgefragt und damit stehen die Überwachungsergebnisse nach einmaliger Einrichtung in jeder Buchungsperiode ohne weiteren Aufwand zur Verfügung. Als Nebeneffekt lernt man damit zugleich die Funktionsweise dieses weit unterschätzten Beratungsinstruments und kann es dann für die Beratung der eigenen Mandanten leicht einsetzen. **1**

Qualitative Ziele lassen sich unterjährig kaum mit vertretbarem Aufwand messen. In der monatlichen oder quartalsweisen Betrachtung müssen sie daher zunächst „außen vor" bleiben. Sie werden zu den geplanten Zeitpunkten abgefragt und dann in die Betrachtung der Zielerreichungen einbezogen. **2**

Zur Erleichterung der Steuerung der quantitativen Zielannäherung hat sich die Einführung einer monatlichen oder quartalsweisen Berichtskaskade bewährt. Das klingt komplizierter und aufwändiger als es wirklich ist. Zunächst schreibt der Mitarbeiter seinen Monats- oder Quartalsbericht für seinen Teamleiter. Dabei nutzt er zugleich die Gelegenheit, sich seine Ziele und seine Annäherung hieran selbst anzuschauen, ggf. Verbesserungsmaßnahmen zu überdenken. Er überlegt dabei, ob seine Jahresziele – unter Einsatz von Verbesserungsmaßnahmen – noch zu erreichen sind und berichtet auch darüber. Der dafür einzusetzende Zeitaufwand ist nicht hoch. Alles lässt sich standardisieren und der Gegenwert ist die gesteuerte Annäherung an die Kanzleiziele. Das ist das Gegenteil des Satzes: Planung ersetzt Zufall durch Irrtum. **3**

A. Berichtswesen

I. Monatsbericht Mitarbeiter

Der Monatsbericht des Mitarbeiters sollte neben „seinen" Top-Nachrichten des Monats noch enthalten: **4**

Finanzen	Mitarbeiter/Lernen
Umsatz Monat und aufgelaufen; Zielerr. in %	Zufriedenheit mit Arbeitsumfeld; Schulnote
Gewinn Monat und aufgelaufen; Zielerr.in %	Weiterbildung: Maßnahmen, Ergebnisse
Ggf. Umsätze Rechtsberatung, Zielerr. in %	Verbesserungsvorschläge, Zielerr. in %
Ggf. Umsätze WirtschBeratg, Zielerr. in %	Ggf. Betreuung Auszubildende
	Ggf. Patenschaft für Kollegen

Mandanten	Prozesse
Besonderheiten der erledigten Aufträge	Abrechenbare Stunden Monat und aufgelaufen;
Probleme nicht abgeschlossener Aufträge	Zielerreichung in %
Arbeitsplan, Erreichung in %	Maßnahmen zur Qualitätssicherung
Aufträge Rechtsberatung	
Aufträge Wirtschaftsberatung	
Aktivitäten zur Akquise	

5 Im Monatsbericht des Mitarbeiters darf auch eine Einschätzung über die weitere Entwicklung innerhalb der nächsten 3 Monate erwartet werden. Schließlich kennt er seinen Arbeitsplan und die Fertigstellungsgrade sowie Verzögerungen selbst am besten. Eine Fertigstellung bis zum 3. Arbeitstag des Folgemonats ist zumutbar und möglich. Bis dahin sind dann auch alle Leistungserfassungen zu erledigen und alle abrechenbaren Leistungen abzurechnen. Bis zum 3. Arbeitstag des Folgemonats nicht eingereichte Zeiten der Honorarrechnungen gehen – ohne Ausnahme! – in diese Berichte nicht mehr ein. Sie werden im darauffolgenden Monat mitberichtet.

II.   Monatsbericht Teamleiter

6 Aus den Berichten der Mitarbeiter erzeugt der Teamleiter nach dem selben Schema seinen Monatsbericht für die Kanzleileitung. Auch hier besteht Gelegenheit zur Selbststeuerung und zur Einführung von Verbesserungsmaßnahmen. Ein Gespräch zwischen Teamleiter und Mitarbeiter enthält die Chance einer gemeinsamen Überlegung. Für Mitarbeiter und Teamleiter eröffnen sich Freiräume der Entscheidung. Die Berichte der Teamleiter landen in der Kanzleileitung. Hieraus wird ein Gesamtbericht für die Betriebsversammlung erarbeitet und vorgestellt. Außerdem können gleichzeitig die Aufträge an die Teamleiter, die schon vorgestellten farbigen scorecards auszufertigen und an die Mitarbeiter zu geben, erteilt werden. Das alles ist nicht zuviel Kontroll- und Analyseaufwand. Es erspart einiges an Diskussion in den jährlichen Beurteilungsgesprächen, wenn diese Arbeit unterjährig erledigt wird.

7 Der Teamleiter als Vorgesetzter bespricht den eingereichten Bericht mit dem Mitarbeiter. Wünscht der Mitarbeiter ein Gespräch mit der Kanzleileitung, so sollte das möglichst schnell angesetzt werden. Dem Wunsch der Teamleiter, Mitarbeitergespräche zu Monatsberichten an die Kanzleileitung zurückzudelegieren, sollte man sich unbedingt versagen. Von Teamleitern ist soviel Führungskompetenz zu erwarten, dass nur in begründeten Ausnahmefällen die Kanzleileitung eingeschaltet werden muss. Rückdelegation ist zu unterbinden.

III.   Bericht für Betriebsversammlung Kanzlei

8 Die Kanzleileitung erstellt für die Betriebsversammlung einen Monats- oder Quartalsbericht. Dieser enthält neben den Top-Themen des Monats die 4 Felder Finanzen, Mitarbeiter/Lernen, Mandanten, Prozesse wie folgt:

Finanzen	Mitarbeiter/Lernen
Umsatz Monat und aufgelaufen; Zielerr. in %	Zufriedenheit mit Arbeitsumfeld; Schulnote
Gewinn Monat und aufgelaufen; Zielerr.in %	Weiterbildung: Maßnahmen, Ergebnisse
Ggf. Umsätze Rechtsberatung, Zielerr. in %	Verbesserungsvorschläge, Zielerr. in %
Ggf. Umsätze WirtschBeratg, Zielerr. in %	Ggf. Betreuung Auszubildende
Entwicklung Debitoren	Ggf. Patenschaft für Kollegen
	Mitarbeiterbewegungen
	■ Versetzung
	■ Beförderung
	■ Zu- und Abgang
	■ Neue Aufgabenzuweisung
Mandanten	**Prozesse**
Besonderheiten der erledigten Aufträge	Abrechenbare Stunden Monat und aufgelaufen; Zielerreichung in %
Auftragslage der nächsten Monate, insbesondere eilbedürftige Aufträge,	Maßnahmen zur Qualitätssicherung
Probleme nicht abgeschlossener Aufträge	Qualität der Arbeitsergebnisse
Arbeitsplan, Erreichung in %	Anzahl Rückfragen
Aufträge Rechtsberatung	Anzahl und h Nacharbeiten
Aufträge Wirtschaftsberatung	Stand der Kanzlei-Projekte
Mandatszu- und abgänge	
Aktivitäten zur Akquise	

Dieser Statusbericht wird im Intranet der Kanzlei in einem öffentlichen Ordner von z.B. outlook zum Nachlesen für alle vorgehalten. 9

IV.   Erfolgreich kommunzieren – Ziele erreichen

Steuerberater beraten ihre Mandanten. Sie sitzen am Schreibtisch und versuchen, gegen die täglich hereinkommende Flut von Rechtsprechung, Änderung der Rechtsprechung, Tendenzen zur Gesetzesänderung, Beschlüssen des Bundeskabinetts Deiche zu bauen, die das Ganze kanalisieren. Sie organisieren ihr Tagesgeschäft, dann reden Sie mit Finanzbeamten und mit Mandanten, Bankern und anderen. Das alles tun sie jeden Tag erfolgreich. Nicht alltäglich ist das Geschäft mit Sitzung, Sitzungsleitung, Vorbereitung. Zwar lässt sich vieles auf ein gutes Sekretariat delegieren; aber nur, wenn verstanden wurde, dass der Erfolg einer Besprechung in der Vorbereitung liegt. Daher hier ganz handfeste praktische Hinweise, die sicher auch in anderen Gesprächssituationen, z.B. bei Gesprächen mit einer Gruppe von Mandanten oder deren Mitarbeitern oder bei Besprechungen im Rahmen von Bankgesprächen für den Mandanten und nicht zuletzt auch bei Betriebsprüfungen nützlich sein werden:

Die Einleitung einer Besprechung hat einen wichtigen Stellenwert. Hier geben Sie als Sitzungsleiter Ihre Visitenkarte ab und stellen die zentrale Weichen für den Sitzungsverlauf: für das Klima und die Motivation und die Arbeits- und Verfahrensweisen. Deshalb sollten Sie, v.a. wenn es sich um keine Routineangelegenheit handelt, diesem Tagesordnungspunkt eine besondere Aufmerksamkeit widmen. Abhängig von Anlass und Situation könnten folgende Punkte Thema einer Eröffnung sein:

- Feststellung der Vollständigkeit der Teilnehmer (evtl. der Beschlussfähigkeit)
- Ziel(e) und Themen der Besprechung so konkret wie möglich nennen
- Ausgangslage, Hintergründe, Rahmenbedingungen (z.B. vorangegangene Sitzungen, künftige Maßnahmen) erläutern (bei Bedarf)
- Ablauf und Vorgehensweisen vorstellen (evtl. Frage nach Änderungsanträgen)
- Rolle von Teilnehmern mit speziellen Funktionen erläutern (z.B. Sitzungsleiter, Entscheider, Experte, Multiplikator)
- Auf Unterlagen hinweisen (bei Bedarf erläutern)
- Gemeinsamen Infostand sicherstellen (z.B. vorausgesetzter Kenntnisstand vorhanden?)
- Spielregeln vereinbaren
- Art des Protokolls festlegen und Protokollant bestimmen, dito für Erledigungsvermerke
- Organisatorische Fragen regeln
  - Pausen
  - Sitzungsende
  - Redezeit, Rednerliste
  - Örtlichkeiten
- Aktivierender Einstieg ins (erste) Thema

10 Regeln für eine gute Gesprächsführung

1. Wir fassen uns kurz!
2. Wir lassen andere ausreden!
3. Wir formulieren verständlich!
4. Wir hören aktiv zu und gehen aufeinander ein!
5. Wir konzentrieren uns auf das Thema und schweifen nicht ab!
6. Wir stellen eigene Beiträge zurück, wenn sie nicht in den Zusammenhang passen!
7. Wir bleiben sachlich und gehen respektvoll mit anderen Meinungen um!
8. Wir kontern Behauptungen nicht mit Gegenbehauptungen, sondern fragen nach!
9. Wir verwenden keine Killerphrasen! (z.B. „ Das geht bei uns nicht")
10. Wir kommen nicht immer wieder auf ein Thema zurück, das wir schon abgeschlossen haben!

Hinweise zur Steuerung der Sitzung/des Gesprächs

- Als Sitzungsleiter leiten Sie eine Gesprächs- und/oder Arbeitsphase in einer Besprechung ein. Es gibt verschiedene Arten, hier Impulse zu setzen. Um ein Gespräch im eigentlichen Sinne einzuleiten, können Sie verschiedene Techniken einsetzen:

A. Berichtswesen

- Kurzer, möglichst problembezogener und teilnehmerorientierter Input, der die Teilnehmer aktiviert
- Provokante These, herausfordernder Fall, plakatives Beispiel
- Geeignete Einstiegsfrage
- Sie koordinieren die Beiträge, indem Sie u.a. auf die Reihenfolge der Wortmeldungen achten, bei Bedarf Wortmeldungen zurückstellen, Zusammenhänge deutlich machen.
- Sie behalten den Roten Faden im Auge und greifen bei Bedarf ein, indem Sie z.B. Beiträge einordnen, in einen Themenspeicher stellen, Widersprüche und Gegensätze auflösen
- Sie überprüfen den Gesprächsverlauf im Hinblick auf die Zielerreichung und das geplante Zeitbudget. Sie greifen bei Bedarf rechtzeitig ein, weisen die Teilnehmer auf mögliche Abweichungen hin. Sie machen Vorschläge, wie die Situation zu bereinigen ist und/oder bitten die Teilnehmer um eine Entscheidung.
- Sie fordern bei Bedarf die Einhaltung der Spielregeln ein.
- Sie fassen zusammen und geben bei Bedarf neue Impulse, um die Zielerreichung zu gewährleisten.
- Sie führen bei Bedarf Entscheidungen/Beschlüsse herbei.
- Sie sichern Ergebnisse, z.B. durch Dokumentation von Maßnahmen, Visualisierung von Ideen und zentralen Aussagen z.B. Kartenabfrage, Einsatz von MindManager® oder Consideo Modeller®.
- Sie verfügen über ein Repertoire an Techniken zur Gesprächssteuerung, das Sie situationsangemessen einsetzen:
  - Lenkungstechniken
  - Fragetechniken

Überblick über Lenkungstechniken

Problematisieren

- Durch Impulse Wissenslücken bewusst machen oder Selbstverständlichkeiten in Frage stellen
- Einstiegsimpulse in Form einer provokanten Behauptung
- Warum-Fragen
- Widersprüche, Ungereimtheiten aufzeigen
- Konsequenzen in den Raum stellen
- Mit anderen Aussagen konfrontieren
- Advocatus diaboli spielen
- Zu Differenzierung auffordern

Fragetechnik: konvergierend, Kenntnisfrage

Akzentuieren

- Durch Impulse Beiträge hervorheben
- Beiträge gewichten
- Frühere Beiträge aufnehmen, einordnen
- Zum Vergleichen auffordern
- Zum Gewichten auffordern
- Kontroversen gegenüberstellen
- Gemeinsamkeiten herausstellen

Fragetechnik: konvergierend

Nachhaken, Konkretisieren (lassen)

- Durch Impulse zur Vertiefung des Gesagten auffordern
- Beispiele geben lassen
- Nachfragen, ob richtig verstanden
- Rückfragen
- Frage nach zugrundeliegenden Fakten, Theorien
- Weiterleiten, zum Nachdenken über das Gesagte aufgefordert wird

Fragetechnik: konvergierend, bewertend

Begründen, folgern (lassen)

- Durch Impulse auf die Stichhaltigkeit (auch: Zielstellung) hin überprüfen
- Nach Konsequenzen fragen
- Frage nach zugrundeliegenden Fakten, Theorien
- Nach Zusammenhängen, Beziehungen fragen
- Auf bestimmte Bedingungen hin hinterfragen
- Verallgemeinern lassen
- Zum Transfer auffordern

Fragetechnik: konvergierend, bewertend

Bewerten, beurteilen (lassen)

- Im Hinblick auf die Zielstellung überprüfen
- Nach Realisierbarkeit hinterfragen
- Zur Analyse von Beiträgen auffordern

Fragetechnik: konvergierend, bewertend

A.   Berichtswesen

Zusammenfassen (lassen)

- Pausen machen nach Fragen, um Gelegenheit zum Nachdenken zu geben (= Vergewisse-rungsphase);
  dies bei Bedarf auch explizit ansprechen, damit keine peinliche Situation entsteht

Fragetechnik: konvergierend, bewertend

Auf das Thema zurückführen

- Abgrenzen (lassen)
- Gemeinsamkeiten und Unterschiede herausstellen
- Fortführungen, die sich als Konkurrenz vortragen, miteinander verbinden
- kontroverse Standpunkte deutlich machen, um offene Punkte oder Lücken zu verdeutlichen
- Arbeit damit inhaltlich weitertreiben
- Zum Vergleichen anregen

Fragetechnik: konvergierend, bewertend

Überblick über Fragetechniken

- Grundsätzliches
- Überblick über Fragen und Impulse
  - Grundsätzliche Arten des Fragen-Stellens
    Man unterscheidet 3 grundsätzliche Arten, Fragen zu stellen, die sich durch die Art des Ergebnisses und durch die geforderte Denkleistung unterscheiden:
  - Offene Fragen
  - Konvergierende Fragen
  - Geschlossene Fragen
- Spezielle Fragearten
  Die folgenden Fragen unterscheiden sich hinsichtlich der Absicht, die Sie damit verfolgen. Sie lassen sich selbstverständlich auch in die unter a) genannten Rubriken einordnen. Im Einzelnen handelt es sich um folgende Fragen:
  - Informationsfrage
  - Bewertungsfrage
  - Sondierungsfrage
  - Alternativfrage
  - Gegenfrage

  Folgende Fragen sollten Sie mit Vorsicht genießen:
  - Doppelfragen
  - Rhetorische Fragen
  - Suggestivfragen

Grundsätzliches

- Formulieren Sie Fragen so einfach, kurz und konkret wie möglich.
- Stellen Sie Fragen möglichst mit persönlicher Anrede.
- Richten Sie sich mit ihren Impulsen an alle Teilnehmer. „Halten" Sie sich im Verlauf des Gesprächs – wenn möglich – nicht an den aktiven Teilnehmern „fest", indem Sie diesen mehr Aufmerksamkeit zukommen lassen. So verfestigen Sie einseitige Gesprächsstrukturen.
- Stellen Sie Fragen nicht unvermittelt, sondern machen Sie ihre Fragen einsichtig. Verknüpfen Sie sie mit den vorausgegangenen Informationen.
- Es muss jederzeit deutlich werden, worauf Sie mit Ihrer Frage hinaus wollen.
- Überfallen Sie ihre Teilnehmer nicht mit inquisitorischen Fragen oder Fragen, die wie ein Keulenschlag wirken. Solche Fragen lähmen, statt zu aktivieren. Vor allem einzelne Teilnehmer sollten Sie nicht mit Fragen überfallen.
- Sprechen Sie Ihre Teilnehmer persönlich an, wenn Sie deren Beiträge aufgreifen.
- Ermuntern Sie ihre Teilnehmer, selbst Fragen zu stellen und selbst die Fragen anderer Teilnehmer zu beantworten.
- Lassen Sie nach einer Frage den Teilnehmern genügend (Bedenk-) Zeit. Haben Sie keine Angst vor der (peinlichen) Pause. Hüten Sie sich, eine weitere Frage nachzuschieben oder ihre Frage selbst zu beantworten. Sie unterbrechen dann die Denkprozesse der Teilnehmer und lähmen auf Dauer die Mitarbeit. Wenn Sie merken, daß ihre Frage nicht angekommen ist, dann ziehen sie sie offiziell zurück und machen einen neuen Anlauf.
- Auch bewusst eingesetzte Pausen haben ihre Funktion. Sie geben den Teilnehmern Zeit zur Verarbeitung.

Offene Fragen bzw. Fragen, die zum divergierenden Denken auffordern

- **Charakteristik**
  Die Frage wird so formuliert, dass die Teilnehmer eine Vielzahl von Antwortmöglichkeiten haben.
- **Anwendung**
  Aktivierung von Teilnehmern zu Beginn eines Gesprächs Sammeln von Informationen, Beiträgen, Ideen. Fördern von Kreativität und freier Meinungsäußerung
- **Hinweise**
  Die Antworten sind schwieriger zu steuern, da sie im Ermessen der Teilnehmer liegen. Sie sollten zunächst die Beiträge sammeln, bevor sie mit dem Auswerten beginnen. Bei umfangreicheren Themen sollten Sie die Antworten stichwortartig notieren, um die Auswertung transparenter zu machen und besser strukturieren zu können.

Fragen in Richtung konvergierendes Denken

■ **Charakteristik**
Mit solchen Fragen fordern Sie die Teilnehmer auf, sehr zielgerichtet zu denken. Hierzu sind u.a. folgende Denkleistungen gefordert: Wissen ordnen, Einzelfakten zueinander in Beziehung setzen, Gemeinsamkeiten und Unterschiede herausarbeiten, Neues aus Bekanntem ableiten, Denkschritte, Vorgehensweisen ordnen, Erkenntnisse, Vorgehensweisen auf veränderte Bedingungen anwenden.

■ **Anwendung**
Diese Frageform ist wesentlich anspruchsvoller als die offene Frage und eröffnet weniger Antwortmöglichkeiten. Deshalb sollte man damit nicht in ein Gespräch „einsteigen", sondern zur Vertiefung oder Präzisierung eines Gesprächs anregen.

■ **Hinweise**
Geben Sie gerade bei solchen Fragen genügend Zeit zum Nachdenken. Um die Peinlichkeit der Denkpause zu vermindern, weisen Sie bei Bedarf explizit darauf hin, daß Sie jetzt Zeit zum Nachdenken geben. Beziehen Sie sich nicht auf die erste Wortmeldung, wenn Sie möglichst viele Teilnehmer aktivieren wollen.

Geschlossene Fragen

■ **Charakteristik**
Solche Fragen lassen lediglich ein „Ja" oder „Nein" oder eine bestimmte Information als Antwort zu.

■ **Anwendung**
Da solche Fragen die Teilnehmeraktivität stark einschränken und „lediglich" eine bestimmte Information abfragen, dienen sie zur Kontrolle, zur kurzen Klärung von Sachverhalten, zur Straffung der Gesprächsführung.

■ **Hinweise**
Geschlossene Fragen sollten nur äußerst dosiert eingesetzt werden (z.B. zum Abgrenzen schwieriger Sachverhalte), da sie die Teilnehmeraktivität eher hemmen.

Die Kenntnis- bzw. Informationsfrage

■ **Charakteristik**
Die Kenntnisfrage fragt nach bekannten Informationen. Sie kann als offene oder geschlossene Frage gestellt werden.

■ **Anwendung**
Kenntnisfragen dienen v.a. zur Kontrolle vorhandenen Wissens, zur Überprüfung des eigenen Verständnisses und zur Einholung von Informationen.

■ **Hinweise**
Kenntnisfragen sollte man nicht ausschließlich verwenden, da sie zu wenig problemorientiert sind.

Die Bewertungsfrage

■ **Charakteristik**
Diese Fragen zielen darauf, daß der Teilnehmer einen Sachverhalt in Bezug auf bestimmte Kriterien beurteilt.

■ **Anwendung**
Einstieg in ein Gespräch, Aufforderung zur Meinungsäußerung, Bewertung, Beurteilung des erarbeiteten Sachverhalts

■ **Hinweise**
Bei unterschiedlichen Bewertungen ergeben sich hohe Anforderungen an die Steuerung der Auswertung.

Die Sondierungsfrage

■ **Charakteristik**
Mit diesen Fragen fordern Sie Teilnehmer auf, einen Beitrag genauer auszuführen.

■ **Anwendung**
Hilfestellung für die Teilnehmer geben. Die Teilnehmer zum weiteren Nachdenken veranlassen. Das Gespräch in eine bestimmte Richtung lenken

Die Alternativfrage

■ **Charakteristik**
Damit stellt der Sitzungsleiter Alternativen zur Entscheidung.

■ **Anwendung**
Entscheidungen herbeiführen, Unterschiede herausarbeiten, überprüfen, ob Sachverhalte verstanden wurden, Teilnehmer an der Gestaltung der Veranstaltung beteiligen

■ **Hinweise**
Falls es sich nicht um eine reine Verfahrensfrage handelt, die durch Mehrheitsentscheid zu regeln ist, sollten Sie die Teilnehmer bei Bedarf ihren Standpunkt begründen lassen. Gefahr der Manipulation, Gefahr, dass weitere Möglichkeiten blockiert werden

Gegenfragen

■ **Charakteristik**
Hiermit geben Sie eine Frage an ihre Teilnehmer zurück.

■ **Anwendung**
Gegenfragen kann man als Steuerungsmittel einsetzen und um Teilnehmer zu einer Begründung aufzufordern, um Teilnehmer zu weiterem Nachdenken zu veranlassen, um auf einen neuen Gesichtspunkt hinzuweisen, und aber auch als taktische Variante, um das Gespräch in eine bestimmte Richtung zu steuern, um Zeit für das Eingehen auf einen Teilnehmerbeitrag zu gewinnen.

Doppelfragen

■ **Charakteristik**
Der Sitzungsleiter stellt zwei verschiedene Fragen in einem Atemzug.

■ **Anwendung**
Sie ist in keinem Fall zu empfehlen.

■ **Hinweise**
Sofern ein Teilnehmer nur eine Frage beantworten kann, weiß er nicht, ob er sich melden soll oder nicht. Die Teilnehmer müssen in zwei verschiedene Richtungen denken. Die Auswertung der Antworten wird erschwert, da Sie auf zwei verschiedene Fragen unsystematisch Antworten erhalten.

Rhetorische Fragen

■ **Charakteristik**
Eine Frage, die nur der Form wegen gestellt wird. Sie soll nicht von den Teilnehmern beantwortet werden, sondern ist der Auftakt für eine Erläuterung seitens des Sitzungsleiters.

■ **Anwendung**
Im Gespräch ungeeignet. In einem Vortrag als sparsam dosiertes rhetorisches Mittel denkbar.

■ **Hinweise**
Die Teilnehmer können u.U. nicht erkennen, ob es sich um eine echte oder rhetorische Frage handelt und wissen nicht, ob sie antworten sollen. Gefahr der „Entwertung" ernst gemeinter Fragen.

Suggestivfragen

■ **Charakteristik**
Mit dieser Art Frage unterstellt man eine bestimmte Meinung, die dem Antwortenden als Antwort untergeschoben wird.

■ **Anwendung**
Suggestivfragen mögen als taktisches Mittel in bestimmten Situationen angebracht sein.

■ **Hinweise**
Suggestivfragen bewirken Verärgerung bei denen, die nicht Ihrer Auffassung sind, evtl. sogar Abwehr gegen offensichtliche Manipulation, Unterdrückung von echten Konflikten, Gefahr des „Abschaltens" von Teilnehmern, da sie sich nicht ernstgenommen fühlen.

Umgang mit schwierigen Situationen

Situation, wenn ...	Reaktion ... dann sollten Sie
... der Vorschlag eines TN/mehrerer TN von den anderen kategorisch abgelehnt wird	▪ nach Gründen fragen ▪ falls Gründe für Ablehnung zutreffend, Frage, ob Ablehnung akzeptiert wird ▪ falls Gründe unzutreffend, der abgelehnten Partei den Rücken stärken ▪ Versuch, Kompromiss zu erreichen ▪ schlechteste Lösung: das Mehrheitsvotum gilt
... ein Teilnehmer Sie als Sitzungsleiter provozieren will	▪ Keine Reaktion zeigen oder ▪ sachlich bzw. humorvoll reagieren
... ein Teilnehmer eine Profilneurose hat	▪ Dies Verhalten nicht (positiv) verstärken, wenn möglich ignorieren ▪ Auf Diskussionsregel hinweisen: Berücksichtigung anderer Teilnehmer, Redezeit
... ein Teilnehmer kompliziert bis unverständlich daherredet	▪ um ein Beispiel bitten ▪ selbst eine Interpretation des Gesagten versuchen inkl. Frage, ob es so gemeint war („Habe ich Sie richtig verstanden, dass ...?")
... ein Teilnehmer Vorschläge etc. permanent mit Ausnahmen kontert	▪ nachfragen, wie wahrscheinlich die Ausnahme ist ▪ Sondierungsfragen: „In welchem Fall haben Sie das erlebt?" ▪ nach den Bedingungen fragen, unter denen der Teilnehmer die Sache akzeptieren würde
... ein Teilnehmer mit einer Nachfrage Ihnen als Sitzungsleiter eine „Falle" stellen will	▪ sich nicht getroffen zeigen, sondern so tun, als wäre nichts: ▪ Gegenfrage an den Teilnehmer ▪ Frage an die Gruppe weitergeben ▪ Sondierungsfrage an den Teilnehmer oder die Gruppe
... Teilnehmer rechthaberisch sind	▪ Den Standpunkt mit einer Sondierungsfrage begründen lassen ▪ Konfrontation zwischen Teilnehmer und Sitzungsleiter vermeiden ▪ Gruppe einbeziehen („Wie sehen das die anderen?") ▪ versuchen, Gemeinsamkeiten herauszustellen. ▪ Relativieren der Position mit Hinweis auf Pluralismus

A. Berichtswesen

Situation, wenn ...	Reaktion ... dann sollten Sie
... ein Teilnehmer nie zum Punkt/Ende kommt	■ auf Diskussionsregel hinweisen: Berücksichtigung anderer Teilnehmer, Redezeit
... ein Teilnehmer Ihre Autorität als Sitzungsleiter in Frage stellt	■ nicht getroffen zeigen, sondern versuchen, den sachlichen Kern herauszustellen und zu klären. ■ Teilnehmer als Autorität in den Lernprozess mit einbeziehen
... Teilnehmer Fragen zu „alten Zöpfen" stellen	■ freundlich auf bereits erarbeitete Ergebnisse hinweisen ■ bei Bedarf: nachfragen, ob andere Teilnehmer zu diesem Bereich ebenfalls noch Nachfragen haben ■ falls möglich und angebracht: Frage kurz beantworten (lassen)
... sich ein Gespräch im Kreis dreht	■ Gespräch mit dem Hinweis, daß man keine neuen Aspekte mehr erkennen kann mit einer Zusammenfassung beenden ■ Nach Bedarf Neueinstieg
... ein Teilnehmer eine Meinung/einen Standpunkt vertritt, den Sie als Sitzungsleiter nicht teilen	■ Je nach Bedeutung darüber hinwegsehen oder eine persönliche Meinung abgeben: „In diesem Punkt habe ich eine andere Auffassung als sie, weil ... "
... Fragen gestellt werden, die mit dem Thema nichts zu tun haben	■ Stellenwert der Frage verdeutlichen ■ nach Bedarf: zurückstellen (=> Themenspeicher)
... auf Ihren Impuls (z.B. eine Frage) keine Resonanz erfolgt	■ Impuls offiziell zurückziehen ■ neuen Anlauf versuchen: Denkanstoß, Umwegfrage ■ Lerngruppe fragen, worin die Schwierigkeit besteht
... Teilnehmer sich persönlich angreifen	■ sofort eingreifen und zur Sachlichkeit auffordern ■ falls vorhanden, den sachlichen Kern herausstellen als Grundlage für die Fortsetzung des Gesprächs
... Teilnehmer sich sachlich „in die Haare kriegen"	■ flexibel reagieren, je nach Gehalt des Streits angemessene Zeit laufen lassen; dann eingreifen und zusammenfassen oder Lerngruppe zu „Stellungnahmen" auffordern
... die Gruppe sich nicht auf ein Thema einigen kann	■ Themenliste erstellen und Prioritätenliste erstellen ■ Autorität als Moderator einsetzen: Vorschlag machen und dafür werben

Situation, wenn ...	Reaktion ... dann sollten Sie
... Arbeitsgruppen ihr Zeitbudget überziehen	■ falls Minderheitenproblem: ■ Schonfrist einräumen und ein definitives Ende anmahnen. Flankierend: Stand ermitteln und evtl. Kürzungen am Arbeitsauftrag vornehmen. Nach Gründen fragen ■ Falls allgemeines Problem: ■ Stand ermitteln; je nach Lage der Dinge mehr Zeit einräumen und/oder Arbeitsauftrag kürzen. Verhältnis von Arbeitsauftrag und Zeitbudget überdenken ■ Grundsätzlich: ■ Beim Arbeitsauftrag darauf hinweisen, dass die AG's ihr Zeitbudget im Auge behalten ■ Stand der Gruppenarbeit kontrollieren, um gegebenenfalls rechtzeitig Gegenmaßnahmen einleiten zu können ■ Daran denken, dass Individualisierung des Lernprozesses sich in unterschiedlichen Tempi niederschlägt. Wenn möglich: Zeitpuffer einbauen (z.B. Pausen)

Checkliste zum Sitzungsabschluss

Analog zum Sitzungsbeginn, mit dem Sie Weichen für den erfolgreichen Verlauf stellen, hat auch das Sitzungsende eine Funktion: Der letzte Eindruck wirkt nach. In diesem Sinne sollten Sie die Gelegenheit nutzen, hier Akzente zu setzen. Je nach Umfang, Art und Anlass der Sitzung könnten folgende Punkte die Besprechung abrunden:

■ Fassen Sie wichtige Ergebnisse zusammen.

■ Ziehen Sie vor dem Hintergrund der eingangs gesetzten Ziele Bilanz: An welchen Punkten haben wir unsere Intentionen erreicht, bei welchen Tagesordnungspunkten sind Themen/Fragen offen geblieben?

■ Führen Sie eine Entscheidung herbei, wie mit offenen Punkten konkret zu verfahren ist. Vereinbaren Sie falls nötig einen Anschlusstermin, wobei Sie Ziele, Themen, benötigte Teilnehmer und zu informierende Personen festlegen. Festlegungen jetzt ersparen (Abstimmungs-) Aufwand später. In jedem Fall sollten Sie festlegen lassen, wer welche Themen weiterverfolgt.

■ Weisen Sie bei Bedarf auf Entscheidungen und vereinbarte Maßnahmen hin, um das Verständnis und die Übereinstimmung zu überprüfen.

■ Stellen Sie sicher, dass jeder weiß, wer was bis wann zu tun hat!

■ Nutzen Sie jede Gelegenheit, Perspektiven aufzuzeigen (Beispiel: „Auf der nächsten Projektsitzung werden wir wissen, ob unsere heutigen Beschlüsse greifen"; „Am nächsten Infotag am ... haben wir die Gelegenheit, ... auszuprobieren"). Dies festigt die Bedeutung der Arbeitsergebnisse und damit den Nutzen der Zusammenkunft.

■ Beherzigen Sie die 10. Regel einer erfolgreichen Besprechung: die kritische Würdigung. Fordern Sie die Teilnehmer bei Bedarf v.a. bei längeren und/oder bedeutenden Sitzungen – zu einem **kurzen** Feedback auf: „Was war gut?" „Was könnten wir beim nächsten Mal besser machen?" Dieses Feedback können Sie in Form eines „Blitzlichts" einholen oder mit Hilfe von Kärtchen, die die Teilnehmer zu diesen beiden Fragen schreiben und an eine Pinwand heften.

- Danken Sie den Teilnehmern für Ihr Engagement, ihre Beiträge etc.

Hinweise zur Nachbereitung

Dass sich unsere Sitzungskultur trotz einer weit verbreiteten Unzufriedenheit aller Beteiligten nicht durchgreifend verbessert hat, liegt auch daran, dass Qualitätssicherung auf diesem Gebiet in der Regel nicht betrieben wird. Dies kostet schließlich Zeit, die man nicht hat, auch in Anbetracht der nächsten Sitzung. Effizientere und kürzere Sitzungen sind der Lohn, wenn man sich als Sitzungsleiter auf Basis einer kritischen Würdigung der gelaufenen Sitzung einen konkreten Verbesserungsplan erarbeitet. Folgende Leitfragen können dafür als Anhaltspunkt dienen:

- Habe ich meine Ziele erreicht? Wenn ja, warum? Gibt es übertragbare Punkte, so dass ich diesen Erfolg bei zukünftigen Sitzungen wiederholen kann? Wenn nein, warum nicht? Was hätte man anders machen können? Was ist zu tun, um Ähnliches künftig zu vermeiden?
- War die Besprechung der richtige Weg zur Zielerreichung? Wären Alternativen denkbar, v.a. vor dem Hintergrund des damit verbundenen Aufwandes?
- Waren die gesetzten Ziele konkret, operational, realistisch und annehmbar?
- Haben die richtigen Teilnehmer, ausgestattet mit den benötigten Informationen und Kompetenzen, teilgenommen?
- Hat die Strukturierung gepasst? Wenn nicht, was würden Sie in Zukunft anders machen?
- Haben sich die eingesetzten Methoden und Medien bewährt? Wenn nicht, welche Alternativen gibt es?
- Haben Sie Ihre Rolle als Sitzungsleiter angemessen ausgefüllt, in Bezug auf Art und Anlass der Sitzung und/oder die Teilnehmerzusammensetzung? Welche Verhaltensweisen haben sich bewährt? An welchen Punkten wäre es nützlich, über Alternativen nachzudenken?
- Gab es Situationen im Verlauf der Sitzung, die Sie für problematisch ansehen? Warum sind diese Situationen entstanden? Was hätte man tun können, um sie zu vermeiden? Welche Möglichkeiten gibt es, ähnliche Situationen zu entschärfen, falls Sie in Zukunft noch einmal auftauchen sollten?
- Haben die organisatorischen Rahmenbedingungen gestimmt? Gibt es an bestimmten Stellen Optimierungsbedarf?

Tipp:
Wenn Sie an verschiedenen Stellen Handlungsbedarf verspüren, empfiehlt es sich, nicht auf allen Feldern gleichzeitig zu arbeiten, sondern sich evtl. auf Basis einer Bewertung einen Plan zu erstellen, um sukzessive die erkannten Schwachstellen abzubauen. Nehmen Sie sich für die nächste Besprechung gezielt ein oder zwei Punkte vor. Erarbeiten Sie hierfür Lösungen/Alternativen und versuchen Sie, diese in der Sitzung umzusetzen.

§ 15 Steuerung der Zielannäherung

Checkliste Protokoll

Thema	Hinweise
Zur Form des Protokolls	▪ Grundsätzlich ist die Form des Protokolls abhängig von der Art der Sitzung und dem Kreis der Empfänger. Die Spannbreite reicht vom reinen Maßnahmenplan bzw. Ergebnisprotokoll bis zur ausführlicheren Dokumentation wichtiger Themen und Diskussionspunkte. ▪ Erstellen Sie, wenn möglich, ein Ergebnisprotokoll. Es enthält außer den Formalien und der Tagesordnung nur die Beschlüsse/Entscheidungen und Aufträge. Vorlagen auf www.GABLER-STEUERN.de -> siehe handschr_protokoll.dot, elektr_protokoll.dot
Zu den Inhalten eines Protokolls	▪ Begriff Protokoll in der Überschrift ▪ Veranstalter, Leiter und Protokollführer ▪ Art der Besprechung (z.B. interner Anwenderausschuss, Jour Fixe etc.) ▪ Ort und Datum, Beginn und Ende ▪ Tagesordnung/Thema ▪ Verteilte Unterlagen ▪ Genauen Wortlaut der Beschlüsse, Maßnahmen, Entscheidungen (Was? Wie? Mit welchem Ergebnis?) ▪ Halten Sie die Ergebnisse und Voraussetzungen für die Durchführung der Entscheidungen fest ▪ Verantwortlichkeit für die Durchführung der Entscheidungen (Wer? Mit wem?) ▪ Erledigungstermine (bis wann; ggf. Folgetermine) ▪ Treffen Sie Vereinbarungen zur Kontrolle der Ergebnisse (Durchführung, Kontrolle und Berichtsplan), z.B. wem wird was berichtet? Wer kontrolliert das Ergebnis? ▪ Wurde ein Beschluss gefasst, dem nicht jeder zustimmt, so kann dies auch vermerkt werden ▪ Bei mehrthemigen Besprechungen kann auch vermerkt werden, wer an welchen TOP teilgenommen hat ▪ Teilnehmerliste ▪ Verteilerhinweise (welche Abteilungen erhalten das Protokoll zusätzlich zu den Teilnehmern?) ▪ Unterschrift des Protokollführers (falls es nicht per Mail versandt wird)

A. Berichtswesen

Thema	Hinweise
Dokumentvorlagen für Protokolle	handschr_protokoll.dot, elektr_protokoll.dot
Zeitpunkt der Erstellung des Protokolls	■ Falls für Ihre Sitzung ein Maßnahme-/Ergebnisprotokoll angemessen ist, sollten Sie überlegen, ob es nicht effizienter ist, ein solches Protokoll schon im Verlauf der Sitzung zu führen. Sie können einen solchen Maßnahmeplan auf einer Pinnwand erstellen oder sich vorher ein Formular für ein handschriftliches Protokoll ausdrucken lassen. ■ Falls Sie das Protokoll im Anschluss an die Sitzung verfassen, sollten Sie dies möglichst zeitnah tun. Sie minimieren damit Ihren Aufwand und können auch den Teilnehmern möglichst umgehend (1 bis 2 Tage nach der Besprechung) die Ergebnisse zur Verfügung stellen.
Zur Abstimmung eines Protokolls	■ Wenn vereinbart wurde, dass Teilnehmer das Protokoll zur Abstimmung erhalten, sollten Sie darauf hinweisen, dass eine Rückmeldung an den Protokollanten möglichst zügig erfolgt (Ziel: innerhalb eines Arbeitstages), damit alle Teilnehmer umgehend über die im Protokoll dokumentierten Ergebnisse verfügen.

Organisatorisches

Checkliste zur organisatorischen Vor- und Nachbereitung

Dass sich unsere Sitzungskultur trotz einer weit verbreiteten Unzufriedenheit aller Beteiligten nicht durchgreifend verbessert hat, liegt auch daran, dass Qualitätssicherung auf diesem Gebiet in der Regel nicht betrieben wird. Dies kostet ja schließlich Zeit, die man nicht hat, auch in Anbetracht der nächsten Sitzung. Effizientere und kürzere Sitzungen sind der Lohn, wenn man sich als Sitzungsleiter auf Basis einer kritischen Würdigung der gelaufenen Sitzung einen konkreten Verbesserungsplan erarbeitet. Folgende Leitfragen können dafür als Anhaltspunkt dienen:

■ Habe ich meine Ziele erreicht? Wenn ja, warum? Gibt es übertragbare Punkte, so dass ich diesen Erfolg bei zukünftigen Sitzungen wiederholen kann? Wenn nein, warum nicht? Was hätte man anders machen können? Was ist zu tun, um Ähnliches künftig zu vermeiden?

■ War die Besprechung der richtige Weg zur Zielerreichung? Wären Alternativen denkbar, v.a. vor dem Hintergrund des damit verbundenen Aufwandes?

■ Waren die gesetzten Ziele konkret, operational, realistisch und annehmbar?

■ Haben die richtigen Teilnehmer, ausgestattet mit den benötigten Informationen und Kompetenzen, teilgenommen?

■ Hat die Strukturierung gepasst? Wenn nicht, was würden Sie in Zukunft anders machen?

§ 15 Steuerung der Zielannäherung

- Haben sich die eingesetzten Methoden und Medien bewährt? Wenn nicht, welche Alternativen gibt es?

- Haben Sie Ihre Rolle als Sitzungsleiter angemessen ausgefüllt, in Bezug auf Art und Anlass der Sitzung und/oder der Teilnehmerzusammensetzung? Welche Verhaltensweisen haben sich bewährt? An welchen Punkten wäre es nützlich, über Alternativen nachzudenken?

- Gab es Situationen im Verlauf der Sitzung, die Sie für problematisch ansehen? Warum sind diese Situationen entstanden? Was hätte man tun können, um sie zu vermeiden? Welche Möglichkeiten gibt es, ähnliche Situationen zu entschärfen, falls Sie in Zukunft noch einmal auftauchen sollten? Haben die organisatorischen Rahmenbedingungen gestimmt? Gibt es an bestimmten Stellen Optimierungsbedarf?

Tipp:
Wenn Sie an verschiedenen Stellen Handlungsbedarf verspüren, empfiehlt es sich, nicht auf allen Feldern gleichzeitig zu arbeiten, sondern sich evtl. auf Basis einer Bewertung einen Plan zu erstellen, um sukzessive die erkannten Schwachstellen abzubauen. Nehmen Sie sich für die nächste Besprechung gezielt ein oder zwei Punkte vor. Erarbeiten Sie hierfür Lösungen/Alternativen und versuchen Sie, diese in der Sitzung umzusetzen.

Checkliste Einladung

Diese Checkliste enthält Hinweise zur Gestaltung und Versendung der Einladung:

Thema	Hinweise
Benutzen Sie eine Dokumentvorlage!	Als Basis könnte Ihnen dienen: einladung.dot
Welche Punkte sollte die Einladung enthalten?	<ul><li>Teilnehmerkreis</li><li>Termin der Besprechung</li><li>Beginn und voraussichtliches Ende</li><li>Ort der Besprechung (Gebäude, ggf. Straßenbezeichnung, Raumnummer)</li><li>Tagesordnungspunkte mit Zieldefinition, ggf. mit Pausenregelung und mit Angabe der eingesetzten Methode (Präsentation, Aussprache, Entscheidungfindung etc.)</li><li>Aufforderung an Teilnehmer Zu-/Absagen schriftlich oder telefonisch vorzunehmen sind (bei Bedarf)</li><li>Hinweis auf Vertretungsmöglichkeiten</li><li>Angaben über mitzubringende Unterlagen</li></ul>

Thema	Hinweise
Wann sollten Sie die Einladung versenden?	■ So früh wie möglich, allerdings sollten Sie mehrere Faktoren berücksichtigen: Turnusmäßige Besprechungen mit bekannten Regeln und standardisiertem Ablauf, kurzfristigere Einladung möglich. ■ Berücksichtigen Sie auch evtl. nötige Vorbereitungszeit. ■ Anlassbezogene Sitzungen: mind. 1 Woche vorher ■ Denken Sie an die Terminkalender Ihrer Teilnehmer. Häufig ist eine mittelfristige Planung erforderlich. ■ Bei zu großem Abstand zwischen Einladung und Besprechung: Gefahr des Vergessens, v.a. wenn Vorbereitung nötig ist.
Welche Versendungsart empfiehlt sich?	■ Der Postweg empfiehlt sich, wenn Sie sehr umfangreiche Unterlagen oder Anlagen mitschicken, die nicht in elektronischer Form vorliegen. ■ eMail (z.B. via Outlook) ist ein effizientes Medium, da Sie schnell und flexibel agieren und effizient Informationen beifügen können. ■ Wird im Unternehmen MS Outlook eingesetzt, kann auch die Termin- und Aufgabenplanung hierüber erfolgen
Was ist beim Thema Unterlagen zu beachten?	■ Denken Sie an eine Aufbereitung des Materials. Zu ausführliche Unterlagen werden in der Regel nicht gelesen. ■ Nähere Hinweise erhalten Sie unter www.GABLER-STEUERN.DE bglcheckuntlag.doc
Tipps zur Reihenfolge der Tagesordnungspunkte	■ Stellen Sie Themen mit reinem Informationscharakter an den Anfang der Besprechung. ■ Wichtige Punkte mit Entscheidungscharakter sollten erst danach folgen. ■ Themen, die notfalls auch verschoben werden können, sollte man an das Ende der Tagesordnung stellen. ■ Kann mit Anfragen und Anregungen sowie aktuellen Ergänzungen gerechnet werden, dann den TOP „Verschiedenes/Aktuelles" vormerken.

Checkliste Besprechungsraum

Hinweise zur Auswahl und Gestaltung des Besprechungsraums gibt Ihnen der folgende Überblick:

§ 15 Steuerung der Zielannäherung

Planungsschritt	Hinweise
Ist der Raum angemessen?	■ Denken Sie v.a. auch bei längeren Besprechungen daran, dass der Raum zu einer positiven Atmosphäre beiträgt (Helligkeit, Klima, Lautstärke, Ambiente). ■ Sind ausreichend Tische und Stühle vorhanden? ■ Ist die Sitzordnung angemessen (z.B. U-Form)? ■ Reicht der Platz für die vorgesehenen Medien (Flipchart, Pinnwände, Projektionsfläche sichtbar)? ■ Lassen sich Flipcharts an den Wänden befestigen? ■ Falls Gruppenarbeiten vorgesehen sind: Ist der Raum groß genug? Gibt es Ausweichmöglichkeiten?
Sind die benötigten Medien vorhanden und funktionstüchtig?	Wer ist Ansprechpartner in Ihrem Unternehmen?
Sind die technischen Ausstattungsgegenstände vorhanden und einsatzbereit?	■ Lässt sich der Raum verdunkeln? ■ Falls Sie eine Sprechanlage benötigen: Sind Sie mit der Bedienung vertraut? ■ Sind PC bzw. LapTop und Beamer funktionstüchtig?
Welche weiteren Hilfsmittel werden benötigt?	■ Sind die Unterlagen in ausreichender Anzahl bereitgelegt? Denken Sie auch an Ersatzexemplare, falls Sie Unterlagen schon im Vorfeld verschickt haben. ■ Stehen Namensschilder zur Verfügung? ■ Liegt Schreibmaterial (Stifte, Kärtchen, Papier, Folien etc.) bereit?
Ist eine Bewirtung vorgesehen?	■ Bei längeren Besprechungen sollten Sie an eine angemessene Bewirtung denken. Stehen ausreichend Getränke und Geschirr bereit? ■ Wird ein Imbiss benötigt? ■ Denken Sie an die rechtzeitige Bestellung Ihrer Bewirtung.

Checkliste Organisatorisches

Diese Checkliste enthält Punkte, die v.a. die organisatorischen Aspekte des Medieneinsatzes betreffen.

Welche Medien wollen Sie bei welchem Tagesordnungspunkt einsetzen?

■ Eignet sich der Besprechungsraum für den Einsatz der ausgewählten Medien? Wenn nicht, welche Alternativen stehen zur Verfügung, räumlich oder in Bezug auf die Medien?

■ Welche Medien müssen noch organisiert werden? Berücksichtigen Sie, dass Sie bestimmte Medien evtl. rechtzeitig reservieren müssen: Pinnwände, Beamer, LapTop.

■ Ist der Overheadprojektor einsatzbereit?

- Ist die Glühbirne funktionsfähig? Wo ist die Ersatzbirne?
- Ist eine Folienrolle eingespannt?
- Sind ausreichend Folienstifte mit gewünschter Strichstärke (wasserlöslich/wasserfest) und leere Folien verfügbar?
- Liegt ein Zeigestift bereit?
- Sind PC bzw. LapTop und Beamer startklar?
- Ist die benötigte Software installiert und aktuell?
- Ist der Beamer richtig angeschlossen?
- Ist das Bild korrekt justiert (Schärfe, Auflösung, Zentrierung)?
- Ist das Flipchart arbeitsbereit?
- Ist genügend geeignetes Papier vorhanden?
- Sind evtl. vorbereitete Flips zur Hand?
- Sind verschiedenfarbige Stifte mit breiter Schreibkante griffbereit?
- Ist das Zubehör für das Whiteboard vollständig: spezieller Schwamm, Stifte, Reinigungsmittel?
- Sind genügend Pinnwände vor Ort einschließlich eines vollständigen Moderationskoffers?

B. Jahresgespräche mit den Mitarbeitern, Leistungsbewertung

Am Ende des Jahres steht dann das jährliche Mitarbeitergespräch an. Ausgehend von der abgeschlossenen Zielvereinbarung wird das vergangene Jahr gemeinsam betrachtet. Hierbei liegt der Fokus auf den Zielen des Mitarbeiters und auf der Zielerreichung. Die vier Betrachtungsfelder Finanzen, Mitarbeiter und Lernen, Mandanten und Prozesse werden noch einmal gemeinsam diskutiert. Aus den Monatsberichten und aus der Vorbereitung zu diesem Gespräch, die unbedingt auf beiden Seiten vorgenommen werden sollte, ergeben sich Entwicklungsmaßnahmen, die besprochen und dann vereinbart werden müssen. Im Anschluss daran ist die Gehaltsentwicklung zu besprechen und auch das Ergebnis der Ermittlung der leistungsabhängigen Vergütung für die vergangene Periode gehört dazu. Die Vorbereitung und Durchführung der Mitarbeitergespräche erfolgt – ohne Ausnahme – einheitlich und folgt einem kanzleieinheitlichen Schema:

§ 15   Steuerung der Zielannäherung

Mitarbeitergespräch

mit

Frau Karrenberg

für den Zeitraum

**01. Januar bis 31. Dezember
2006**

Geburtsdatum	19. Mai 1979
Vergütung p.a.	18.000 €
WochenarbZeit	20
In Kanzlei seit	1. April 1995
Qualifikation	StFang
Aufgabenspektrum	15 h FiBu, 5 h JA

11 ■ Übersicht Erreichungsgrad persönliche Ziele

Ziele	Jahresziel	Ist	Ist in %	Ist Vorjahr
Finanzen				
Umsatz	35.000 €	33.500 €	95,7 %	34.000 €
Gewinn/ Deckungsbeitrag	5.000 €	3.500 €	70,0 %	-3.500 €
Kunden				
Interessenten Rechtsberatung	10	2	20,0 %	0
Interessenten Unternehmensberatung	10	6	60,0 %	0
Unrentable*	1	2	200,0 %	2
Prozesse				
Beurteilung Erreichbarkeit**	2,5	2,4	104,2 %	-
Bearbeitungszeiten FiBu reduzieren*	10	12	120,0 %	-
produktive Stunden*	600	605	100,8 %	580
Aufträge ohne Gewinn/ DB*	0	2		
Ergebnisqualität***	2,5	2,4	104,2 %	2,4
Mitarbeiter/ Lernen				
Anzahl Verbesserungsvorschläge	10	25	250,0 %	5
Wirksamkeit Weiterbildung***	2,5	2,8	89,3 %	2,8
Abschlüsse Mandantengruppe xyz****	25	28	89,3 %	2,6

B. Jahresgespräche mit den Mitarbeitern, Leistungsbewertung

Ziele	Jahresziel	Ist	Ist in %	Ist Vorjahr
Steuererklärungen Eheleute abc****	2,5	2,8	89,3 %	2,8
Patenschaft Tanja	100	100	100,0 %	75

* lt. Leistungserfassung

** lt. jährl. Kundenbefragung

*** lt. MA-Gespräch

**** lt. eigener Einschätzung

■ Leistungsbeurteilung

Aufgaben lt. Stellenbeschreibung
(Nennung der 4 Hauptaufgaben) in %

Einrichten und Durchführen Finanzbuchhaltung	75 %
Erstellen von Jahresabschlüssen und Steuererklärungen	15 %
Erledigung Mandantenkorrespondenz	5 %
Ausbildung Auszubildende im Bereich Finanzbuchhaltung	10 %

Qualitative und quantitative Arbeitsergebnisse; Bewertung im Schulnotensystem

Einrichten und Durchführen von FiBu; Gewichtung 55 %

Qualität	X				
Quantität		X			

Kommentar

    kaum Abstimmarbeiten notwendig

    Fertigstellung immer termingerecht

    Umsatzziel: nicht ganz erreicht

    Deckungsbeitragserwartung: verfehlt

Erstellen JA und Steuererklärungen; Gewichtung 15 %

Qualität		X			
Quantität			X		

Kommentar

    Vorbereitung weitgehend selbstständig

    Arbeitspapiere klar und übersichtlich

    Bei komplizierten Sachverhalten wird nachgefragt

    Umsatzziel: nicht ganz erreicht

    Deckungsbeitragserwartung: verfehlt

§ 15 Steuerung der Zielannäherung

Erledigung Mandantenkorrespondenz; Gewichtung 5 %

Qualität				X		
Quantität			X			

Kommentar
> Erledigung ist sachgerecht
> Es wird zuviel manuell und telefonisch bearbeitet
> Darunter leiden Dokumentation und Erscheinungsbild

Ausbildung Azubi im Bereich Finanzbuchhaltung

Qualität		X				
Quantität			X			

Kommentar
> erfolgt planmäßig

Gesamtbeurteilung: **2,45**

- Kanzleiziele des Folgejahres für die Felder Finanzen, Mitarbeiter und Lernen, Mandanten, Prozesse

Kanzleiziele

Ziel	Wert	Messwerkzeug
Finanzen: Wie wollen wir uns für die Kapitalgeber attraktiv machen?		
Umsatz	750.000 €	Auswertung Rechnungschreibung
		Abgleich mit Rechnungswesen
		Erlöskonten; Debitoren
Gewinn	40.000 €	Rechnungswesen
Umsatz Rechtsberatung	40.000 €	Auswertung Rechnungschreibung
		Abgleich mit Rechnungswesen
		Erlöskonten, Debitoren
Umsatz Unternehmensberatung	35.000 €	Auswertung Rechnungschreibung
		Abgleich mit Rechnungswesen
		Erlöskonten, Debitoren
Variabler Vergütungsanteil Mitarbeiter	30.000 €	Excel-Tabelle
		Messung Zielerreichung
		Verteilung nach MA-Gespräch
Kunden: Wie attraktiv wollen wir für unsere Kunden sein?		
Beurteilung; Gesamtergebnis	< 3.0	jährliche Kundenbefragung
Beurteilung Preis-Leistung	< 3.0	jährliche Kundenbefragung

B. Jahresgespräche mit den Mitarbeitern, Leistungsbewertung

Anzahl Aufträge Rechtsberatung	15	Auswertung Rechnungsschreibung
Anzahl Aufträge Unternehmensberatung	15	Auswertung Rechnungsschreibung
unrentable Kunden	< 5	Auswertung Rechnungsschreibung
ungewollte Kundenfluktuation	0	Aufzeichnungen Kanzleileitung
ungewollte Mitarbeiterfluktuation	0	Aufzeichnungen Kanzleileitung

Prozesse: Wo wollen wir hervorragende Leistungen absetzen/ besonders gut sein?		
Beurteilung Erreichbarkeit	< 2.5	jährliche Kundenbefragung
Beurteilung Informationsqualität	< 3.0	jährliche Kundenbefragung
Beurteilung Termintreue	< 2.5	jährliche Kundenbefragung
Abrechenbare Stunden (Vollzeitäquivalent)	> 1.200	Auswertung MA-Leistungserfassung
Aufträge ohne Gewinn	0	Auswertung Rechnungsschreibung
Qualität Arbeitsergebnisse	< 2.5	BWA-Bewertung; JA-Bewertung MA-Gespräch

Mitarbeiter: Aus- und Fortbildung: Wie halten wir die Kanzlei auf die Zukunft ausgerichtet?		
Zufriedenheit der Mitarbeiter	< 3.0	jährliche anonyme MA-Befragung
Beurteilung Kompetenz	< 3.0	jährliche Kundenbefragung
Beurteilung Engagement	< 2.5	jährliche Kundenbefragung
Weiterbildungs-Stunden (Vollzeitäquivalent)	> 100	Auswertung MA-Leistungserfassung
Anzahl Verbesserungsvorschläge MA	> 100	Anzahl eingereichter Vorschläge
jährliche MA-Gespräche	100 %	Auswertung MA-Leistungserfassung

13

■ Persönliche Ziele des Mitarbeiters

Finanzen	
Wie soll Ihre Tätigkeit sich aus der Sicht des Kapitalgebers darstellen?	
Umsatz	> 35.000
Gewinn	> 5.000

Kunden
Wie sollten wir uns aus Kundensicht darstellen?
Unterstützung der Kundenzufriedenheitsumfrage durch aktive Ansprache der Mandanten
Frau Karrenberg wird dazu einen Rhethorikkurs besuchen.
10 Interessenten für Rechtsberatung, die an Herrn Chef weitergeleitet werden
10 Interessenten für Unternehmensberatung, die an unseren Herrn Junior weitergeleitet werden
Maximal 1 unrentabler Kunde im Mandantenbereich
Verstärkung elektronisches Buchen, Reduzierung der FiBu-Zeiten
Herr Junior unterstützt bei den dazu notwendigen Kundengesprächen.

§ 15   Steuerung der Zielannäherung

> **Prozesse**
>
> Frau Karrenberg übernimmt die Organisation der Servicezeiten von 08:00 bis 18:00 Uhr. Ziel ist in diesem Zeitfenster die 100 %-ige Verfügbarkeit. Die Erreichbarkeit muss in der jährlichen Kundenumfrage mit mindestens 3 beurteilt werden.
>
> Der Stundensatz im Bereich Finanzbuchhaltung soll auf 40 € gesteigert werden.
>
> Dazu sind die Prozesse noch stärker zu automatisieren und dies ist dem Kunden gegenüber durchzusetzen. Frau Karrenberg erstellt gemeinsam mit Herrn Junior eine Argumentationsliste und eine Neukalkulation; zu erledigen bis 31. Mai 2007.
>
> 600 abrechenbare Stunden
>
> Keine Aufträge ohne Gewinn
>
> Die Ergebnisqualität soll im Mitarbeitergespräch besser als 2,5 sein. Als Indikatoren werden Nachbearbeitungszeiten, Qualität der Arbeitspapiere, Ergebnisse von Außenprüfungen und Reklamationen von Kunden beigezogen. Ergänzt wird dies durch den fortlaufend zu führenden „Nachweis des Beratungsnutzens im Mandat".

> **Lernen**
>
> Wie kann die Kanzlei auf die Zukunft ausgerichtet bleiben?
>
> 100 h Weiterbildung, die auch zu Hause durchgeführt werden darf
>
> 10 Verbesserungsvorschläge
>
> Jahresabschlüsse für die Mandantengruppe xyz besprechungsreif vorbereiten
>
> private Steuererklärungen für Mandanten abc selbstständig erstellen
>
> Patenschaft Tanja. Deren fachliche Weiterbildung ist der Indikator für den Erfolg.

14   ■ Entwicklungsmaßnahmen

> **Externe Schulungsmaßnahmen**
>
> Unternehmenssteuer-Reformgesetz
>
> Auffrischung Word für Windows
>
> Rhetorikkurs
>
> Interne Aus- und Weiterbildung
>
> Schulung in DokOrg
>
> Lernprogramm Word für Windows

15   ■ Vergütungstableau für die 3 Folgejahre

Vergütung			
Vergütungsanteil	2007	2008	2009
Zielvergütung bei 100 % Zielerreichung	18.500 €	19.000 €	19.700 €
Vergütung je erreichten Punkt	40 €	80 €	120 €
Garantiertes Grundgehalt	18.000 €	18.000 €	18.000 €
Maximale Vergütung inkl. variablem Anteil	21.200 €	21.700 €	22.400 €

■ Anteil Erfolgsbeteiligung am Kanzleierfolg für das Folgejahr

B. Jahresgespräche mit den Mitarbeitern, Leistungsbewertung

Kanzleiziele

Ziel	Soll Wert	Punkte	Minimum Wert	Punkte	Maximum Wert	Punkte
Finanzen: Wie wollen wir uns für die Kapitalgeber attraktiv machen?						
Kanzleiumsatz	750.000 €	4	720.000,00 €	2	850.000 €	8
Gewinn	40.000 €	4	20.000,00 €	2	60.000 €	8
Umsatz Rechtsberatung	40.000 €	4	31.000,00 €	2	45.000 €	8
Umsatz Unternehmensberatung	35.000 €	4	31.000,00 €	2	45.000 €	8
persönlicher Umsatz	35.000 €	16	33.200,00 €	6	46.200 €	32
persönlicher Gewinnbeitrag/DB	5.000 €	4				

Ziel	Soll Wert	Punkte	Minimum Wert	Punkte	Maximum Wert	Punkte
Kunden: Wie attraktiv wollen wir für unsere Kunden sein?						
Beurteilung; Gesamtergebnis	< 3.0	4	> 3,2	0	< 2,6	4
Beurteilung Preis-Leistung	< 3.0	1	> 3,2	0	< 2,6	4
Anzahl Aufträge Rechtsberatung	10	2	5	0	25	6
Anzahl Aufträge Unternehmensberatung	10	2	5	0	25	6
unrentable Kunden	0	2	2	0	0	4
ungewollte Kundenfluktuation	0	2	2	0	0	4

Ziel	Soll Wert	Punkte	Minimum Wert	Punkte	Maximum Wert	Punkte
Prozesse: Wo wollen wir hervorragende Leistungen absetzen/ besonders gut sein?						
Beurteilung Erreichbarkeit	< 2.5	1	> 2,8	0	< 2,3	2
Beurteilung Informationsqualität	< 3.0	1	> 2,8	0	< 2,3	2
Durchschnitt-h-Satz FiBu	> 40 €	2	30 €	0	> 42 €	2
Beurteilung Termintreue	< 2.5	2	> 2,8	0	< 2,3	2
Abrechenbare Stunden (persönlich)	600	4	> 500	0	< 630	2
Aufträge ohne Gewinn	0	2	> 2	0	0	2
Qualität Arbeitsergebnisse	< 2.5	4	> 2,5	0	< 2,3	2

Ziel	Soll Wert	Punkte	Minimum Wert	Punkte	Maximum Wert	Punkte
Mitarbeiter: Aus- und Fortbildung: Wie halten wir die Kanzlei auf die Zukunft ausgerichtet?						
Zufriedenheit der Mitarbeiter	< 3.0		> 3,0	0	< 2,8	2
Beurteilung Kompetenz	< 3.0		> 3,0	0	< 2,8	2
Beurteilung Engagement	< 2.5		> 2,5	0	< 2,3	2
Weiterbildungsstunden (Vollzeitäquivalent)	> 100	4	> 75	0	100	2
Anzahl Verbesserungsvorschläge MA	10	4	> 5	0	< 10	2
jährliche MA-Gespräche	100 %	1	> 100 %	0	100 %	1

	74		14		117	

§ 15 Steuerung der Zielannäherung

16   Die Berechnung der Beteiligung am Erfolg der Kanzlei ergibt sich aus einer Anlage mit Punkte-tabelle für das vergangene Jahr und für das neue Jahr. Aus dieser Berechnung ergibt sich für den Mitarbeiter erkennbar seine Leistungsbeurteilung; damit wird die Bemessung seines Anteils am Kanzleierfolg für ihn nachvollziehbar. Niemand kann erwarten, dass im Gespräch eine fundierte Kritik an dieser Bewertung durchgeführt werden kann. Deshalb sollte, sobald ein Mitarbeiter diesen Wunsch hat, kurzfristig ein Folgegespräch mit der Kanzleileitung vereinbart werden, in dem die erreichten Punktzahlen hinterfragt, diskutiert und am Ende akzeptiert werden. Hierhin gehören dann auch weitere Begründungen für vorgeschlagene Entwicklungsmaßnahmen.

§ 16 Führungsgrundsätze

Das System der leistungsorientierten Vergütung ist hiermit so weit entwickelt, dass es in den praktischen Betrieb gehen und weiterentwickelt werden kann. Bisher war von Zielfindung und -bestimmung, von Leistungsbewertung und gesteuerter Zielannäherung und auch von Kommunikation die Rede. Alles Themen, die man hinter einem System zur Vergütung zwar vermutet hat, aber: Haben Sie diesen Themen im Zusammenhang mit Vergütungsfragen diese Bedeutung beigemessen?

Eine Kanzlei braucht hochmotivierte Mitarbeiter, die sich gern selbst weiterentwickeln. Der dauerhafte Erfolg einer Kanzlei stellt sich nur dann ein, wenn die Kanzleileitung sich in der Verantwortung sieht, diesen dauerhaften Erfolg sicherzustellen durch

- überzeugte Kunden
- motivierte Mitarbeiter
- hohes Ansehen in der Öffentlichkeit
- kontinuierliches Erschließen von Wachstumspotentialen.

Dazu braucht es Leitlinien. Ein Entwurf und ein Vorschlag, der auf die eigene Kanzlei abgewandelt werden kann, findet sich nachstehend. Im Alltag sollte gelten:

- Führen durch Vorleben, Identifikation, Sinn und Freude
- konsequente Mandantenorientierung
- Ziele und Strategien werden gemeinsam erarbeitet dann aber bestimmt die Kanzleileitung
- kontinuierliche Prozessverbesserung
- bestmöglicher Einsatz von Zeit und Geld

Der Anteil der Ausfalltage wegen psychosomatischer Erkrankungen, stieg von 2006 zu 2007 von 6,6 auf 10,5 % (Quelle: Berufsverband deutscher Psychologen BDP). Die Ursachen sollen in Zeitdruck, Komplexität der Arbeit, drückender Verantwortung für die Arbeitsergebnisse, fehlenden Partizipationsmöglichkeiten, mangelnder Wertschätzung, defizitärem Führungsverhalten sowie einem Ungleichgewicht zwischen beruflicher Verausgabung und dafür erhaltener Vergütung liegen (BDP Jahresbericht 2008).

Arbeitsdruck führt zu Stress, die Qualität der Arbeit leidet.

§ 16 Führungsgrundsätze

Antworten in %	eher nein	untentschieden	eher ja
Arbeitsdruck bewirkt, dass ich meine Arbeit nicht optimal ausführen kann	42	20	37
Durch Arbeitsdruck bin ich im Privatleben zu gestresst, um mich an privaten Dingen zu erfreuen	40	21	39
Ich vernachlässige einige Aufgaben, weil ich bei meiner Arbeit zu viel zu tun habe.	36	24	40
Meine Abgabetermine sind nicht zu schaffen.	55	29	16

Quelle: Arbeitsweltmonitor 2007

Die emotionale Bindung an den Arbeitgeber nimmt ab; Wert in %; (Quelle Gallup Consulting)

hoch	16	15	12	13	13	13	12
mittel	69	69	70	69	69	68	68
gering	15	16	18	18	18	19	20
	2001	2002	2003	2004	2005	2006	2007

Das hat Folgen für die Leistungen:

	emotionale Bindung: Hoch	emotionale Bindung: Mittel	emotionale Bindung: Keine
Fehltage	4,2	5,0	6,5
Gefühl hervorragender Arbeitsumstände	35 %	15 %	9 %
Spaß bei der Arbeit	74 %	33 %	6 %
Innerhalb der letzten 30 Tage an 3 oder mehr Tagen Arbeitsstress mit Folgen im Familienleben	19	28	37

Quelle: Gallup Consulting

Aus Sicht der Mitarbeiter vermögen ihre Chefs zwar eine positive Arbeitsatmosphäre zu schaffen, sie sind aber nur selten in der Lage, gut zu motivieren.

Stärken	
Vorgesetzter macht Mitarbeiter für die Erreichung ihrer Ziele verantwortlich	61 %
Vorgesetzter behandelt Mitarbeiter mit Respekt	60 %
Vorgesetzter erkennt gute Arbeit und schätzt sie	59 %
Schwächen	
Vorgesetzter versteht, zu motivieren	37 %
Vorgesetzter setzt sich mit leistungsschwachen Mitarbeitern auseinander	37 %
Vorgesetzter bietet effektives Coaching und entwickelt die Stärken der Mitarbeiter	36 %

Quelle: Towers Perrin

Viele Unternehmen haben in den letzten Jahren umstrukturiert. Dadurch wurden gefestigte Arbeitsverhältnisse gelockert oder gar aufgegeben. Galt früher der Pakt von Loyalität auf Gegenseitigkeit – Unternehmen entlässt nicht ohne Not / Arbeitnehmer verlässt nicht ohne Not das Unternehmen –, so ist festzustellen, dass dieser soziale Kontrakt zunehmend zerbricht. Es fühlen sich nur noch 10 % der Arbeitnehmer moralisch verpflichtet, ihren Arbeitgeber in Notzeiten zu unterstützen. Vor einigen Jahren waren das noch mehr als 60 %. Wenn Nachrichten zunehmen, dass Unternehmen von heute auf morgen Betriebsteile schließen und Arbeitsplätze über Nacht um Hunderte von Kilometern verlagern – wobei die Mitarbeiter selbst sehen müssen, wo sie bleiben –, dann berührt das jeden Arbeitnehmer, auch die Kanzleimitarbeiter. Zukunftsängste nehmen zu. Früher wurde in den Werkshallen rationalisiert, heute sind die Büros die Betriebsteile, in denen Arbeit besser organisiert oder verdichtet werden kann und damit Stellen eingespart werden.

Um sich dort zu profilieren und unentbehrlich zu erscheinen, laden sich manche Mitarbeiter untragbare Lasten auf. Sie leisten Überstunden, arbeiten am Wochenende und sind in ihrer Freizeit und auch im Urlaub für die Kanzlei stets erreichbar. Besonderem Druck ist dabei die mittlere Führungsebene ausgesetzt, die geführt wird und Mitarbeiter selbst führt. Sie soll Vorgaben, auch solche, hinter denen sie nicht 100 %-ig steht, umsetzen. Sie soll selbst dann noch umsetzen, wenn ihre eigene Position in der Kanzlei gefährdet ist. Das überfordert viele Abteilungs- und Gruppen- oder Teamleiter.

Dabei sind Vorgesetzte ein enorm wichtiger Faktor für das Betriebsklima. Sie sollen Teamgeist wecken, die Guten im Team loben und anerkennen, die Leistungsverweigerer kritisieren und den Mitarbeitern, die Hilfe bei der Erledigung ihrer Aufgaben benötigen, diese auch gewähren. Das gelingt nicht allen wirklich gut, wie das Institut Ifak, Traunstein, berichtet. Danach würde jeder siebte Mitarbeiter seinen Vorgesetzten entlassen, wenn er könnte. Ein Grundproblem ist dabei die Führungsspanne, die 8 Mitarbeiter nicht übersteigen sollte.

Es ist offensichtlich, dass auch das soziale Umfeld in dem gearbeitet werden soll, organisiert werden muss, wenn die vereinbarten Ziele erreicht werden sollen. Es braucht eine Art Verhaltens-Codex, auf die sich Kanzleileitung und Mitarbeiter verständigen und berufen können.

A. Vorbild Kanzleileitung

4 Führen durch Vorleben, Identifikation, Sinn und Freude verlangt, Verantwortung für den eigenen Wirkungsbereich zu übernehmen. Das bedeutet, es wird unternehmerisch gehandelt. Bei allen Entscheidungen wird die Zukunft bedacht. Aufgaben und Probleme werden im Zusammenhang miteinander gesehen. Durch Information, klare Prioritäten und vereinbarte Ziele erhalten die Mitarbeiter Orientierung. Konstruktive Zusammenarbeit ist wichtig für den Erfolg, und das bedeutet Aufbau von Respekt und gegenseitigem Vertrauen. Durch ihr Verhalten vermittelt die Kanzleileitung Glaubwürdigkeit und erwartet ein gleiches Verhalten von den Mitarbeitern.

5 Die Kanzleileitung vermittelt die Ideale und die Ziele der Kanzlei glaubhaft und inspiriert damit die Mitarbeiter. So gibt sie der Motivation, dem Engagement und der Loyalität der Mitarbeiter Stabilität und Richtung.

6 Die Kanzlei fordert die Mitarbeiter heraus, indem sie von jedem Einzelnen eigenes Engagement fordert. Dabei fördert sie ganz bewusst Flexibilität und Anpassung an neue Marktentwicklungen und Technologien. Die Mitarbeiter werden durch geeignete Arbeitsbedingungen, anforderungsgerechte Aus- und Fortbildung sowie qualifikationsgerechten Einsatz in ihrer Entwicklung unterstützt. Damit schafft die Kanzlei den Rahmen für bestmögliche individuelle Zusammenarbeit.

B. Gestaltung des Wandels

7 Der Weg dazu führt durch den Wandel, der aktiv gestaltet wird. Wenn Aufgaben angepackt werden, orientiert man sich an der Sache. Kommunikation geht über die Organisation, das eigene Team, hinaus. Jeder informiert alle anderen über wichtige Vorgänge. Wird ein Ziel nicht erreicht, wird nach Lösungen gesucht, Schuldige daran gibt es keine! Teams werden gemacht, sie entstehen nicht von selbst. Für die Arbeit am und im Team darf Zeit verbraucht werden.

8 Konflikte gehören zum Führungsalltag. Ungelöste Konflikte binden Energien. Diese Bindung ist die Forderung nach aktivem Konfliktmanagement.

9 Die Kanzleileitung ist stets bereit, das zu tun, was sie von den Mitarbeitern erwartet: Fehler eingestehen und Kritik annehmen.

10 Aufgaben sind immer Anstöße zum Lernen, nicht allein Erledigungspunkte.

C. Motivationsfaktoren

I. Lob

11 Lob und Kritik erfolgen immer zielgerichtet, ausgehend vom aktuellen Sachverhalt. Es geht darum, den Kern der Sache zu finden. Dazu gehören offene Gespräche und die systematische Auswertung der Ergebnisse. Mitarbeiter sind unterschiedlich, das ist zu respektieren; daran sind alle Aufgabenstellungen auszurichten. Niemand soll über- oder unterfordert werden.

12 Alle Erfolge sind gemeinsam erarbeitet. Der Spaß bei der Arbeit lässt sich durch positives Denken und unverkrampftes Handeln steigern. Verantwortung wird an Mitarbeiter abgegeben, wo immer es möglich ist, die Kanzlei verzichtet dabei auf detaillierte und einengende Verfahrensregeln.

II.   Mandantenorientierung

Konsequente Mandantenorientierung ist als Grundverständnis bei allen Mitarbeitern zu fördern.   13
Der Mandant prägt mit seinen Wünschen, Bedürfnissen und Erfolgen den Arbeitsalltag.

Jeder Dialog mit dem Mandanten ist Gewinn, denn er wirkt auf Leistungen, Prozesse, Strategien.   14
Die Kanzlei bietet dem Mandanten passgenaue Lösungen, aktive Betreuung und persönlichen,
individuellen Service.

Für die Mandanten schafft die Kanzlei Beratung mit langfristigem Nutzen, denn nur eine hohe   15
Zuverlässigkeit und der aktive Dialog begründen eine partnerschaftliche Beziehung.

Dazu geht die Kanzlei flexibel und pragmatisch auf Mandantenwünsche ein. Immer gesucht sind   16
Lösungen, die das Ganze betrachten und den Erwartungen der Mandanten gerecht werden. Auf
Differenzen und Zielkonflikte rechtzeitig hinzuweisen ist eine der Stärken einer Beratungskanzlei.
Das entspricht dem Anspruch auf gelebte Offenheit und Transparenz.

III.   Umgang mit Reklamationen

Jede Reklamation ist eine gute Anregung, es künftig besser zu machen. Auf regelmäßige Mitarbei-   17
ter- und Mandantenumfragen wird größter Wert gelegt, weil nur daraus mit Aussicht auf Erfolg
systematisch Maßnahmen zur Verbesserung abzuleiten sind.

IV.   Ziele und Strategien sind Führungsinstrumente

Die Kanzlei und die Mitarbeiter haben den Anspruch, zukunftsoffen zu leben. Abgestimmte Stra-   18
tegien bestimmen daher das Handeln.

Definierte Ziele geben der Kanzlei, dem Team und dem Einzelnen Orientierung. Sie sorgen für   19
die Ausrichtung und Koordination aller Vorhaben auf die Ziele der Kanzlei. Ziele werden dadurch
erreicht, dass geplante Maßnahmen umgesetzt werden. Ständige Steuerung der Zielannäherung
und Eingriff mit steuernden Maßnahmen nur bei Bedarf führen die Kanzlei zum Erfolg.

Mitarbeiter dürfen und sollen ihren Kompetenzrahmen ausschöpfen. Dazu brauchen sie Freiräu-   20
me und übertragene Verantwortung, der sie gerecht werden wollen und müssen.

V.   Wirkweise von Zielvereinbarungen

Von den Mitarbeitern erwartet die Kanzlei Unterstützung bei der Erarbeitung der Jahresziele. Aus   21
dem Zielvereinbarungs- und Budgetierungsprozess ergeben sich die Unternehmensziele und die
konkreten Verantwortungsbereiche. Dabei entstehende Zielkonflikte müssen und werden schnell
und widerspruchsfrei gelöst werden. Dabei helfen die aus den Kanzleizielen abzuleitenden Prioritäten der Aufgabenstellungen.

Zielvereinbarungen sind wie Verträge zu behandeln. Jeder erwarter die Herbeiführung der ver-   22
cinbarten Ergebnisse. Das ist der Erfolg, an dem jeder, auch die Kanzleileitung, gemessen wird.
Zielvereinbarungen sind daher verbindliche Kontrollpunkte. An diesen richten sich die Maßnah-
mepläne aus. Ergeben sich Abweichungen, so wird rechtzeitig mit steuernden Maßnahmen eingegriffen und die Richtung auf die gesetzten Ziele wieder hergestellt.

VI. Kontinuierlicher Verbesserungsprozess

23 Kontinuierliche Prozessverbesserung bedeutet, Prozesse ständig weiter zu entwickeln und konsequent am Nutzen des Mandanten auszurichten. Qualitätssicherung ist darin ein ständiger Prozess in Form der Zusammenarbeit über die Kanzleigrenzen hinaus.

24 Die Ideen der Mitarbeiter sind Voraussetzung zur erfolgreichen Prozessgestaltung. Abläufe sind immer wieder zu hinterfragen, nicht als gegeben hinzunehmen, sondern dauernd auf ihren Beitrag zur Zielerreichung zu prüfen. Je einfacher und übersichtlicher, desto besser. In die Prozessgestaltung werden die Mitarbeiter, nicht nur durch Fragebögen, einbezogen. Die Gestaltungsvorstellungen der Mitarbeiter sind ein wertvoller Hinweis auf die Art und Weise der effizienten Auftragserledigung.

25 Bestmöglicher Einsatz von Zeit und Geld ist Anspruch an alle. Der Einsatz von Mitarbeitern und Sachmitteln kann nur geplant und gesteuert zum Erfolg führen. Die Mitarbeiter sind die wichtigste Erfolgsquelle. Deshalb muss jeder Mitarbeiter am richtigen Platz eingesetzt werden.

26 Deshalb kümmert sich die Kanzlei darum, dass Mitarbeiter kostenbewusst handeln. Dazu gehört, den Mitteleinsatz so weit wie möglich transparent zu machen. Das gilt natürlich auch für den finanziellen Ertrag eines Auftrags. Auch damit sollte offen umgegangen werden.

27 Aufgaben sind kein Besitzstand. Die Entscheidung, wer was macht und in welchem Team was erledigt wird, wird ausschließlich nach sachlichen und wirtschaftlichen Gesichtspunkten getroffen.

§ 17 Zukunft der Büroarbeit

A. Schlaglichter

17 % der deutschen Büroangestellten würden lieber im homeoffice als im firmoffice arbeiten; Quelle: Bitkom · 1

Unzufriedene Arbeitnehmer weisen 10 Tage Fehlzeit p.a. aus, zufriedene Arbeitnehmer fehlen nur 4,3 Tage; Quelle Arbeitsklima-Barometer des Instituts für Arbeit und Konsum · 2

77 % aller deutschen Arbeitnehmer erwarten nicht, in Zukunft die Stelle wechseln zu müssen oder arbeitslos zu werden; Quelle: TNS Infratest · 3

2007 nutzten 61 % der deutschen Arbeitnehmer einen PC (2003: 44 %); Quelle: Bitkom · 4

Bei den deutschen Jugendlichen gehen 87 % davon aus, dass sie arbeitsbedingt ihren Wohnort wechseln müssen; 77 % nehmen an, dass sie in Zukunft mehrere Arbeitgeber haben werden; Quelle TNS Emnid · 5

Im Jahr 2020 wird nur noch jeder fünfte Arbeitnehmer ein Lebensalter von unter 30 Jahren aufweisen; jeder Dritte wird über 50 Jahre alt sein; Quelle: statistisches Bundesamt · 6

2008 nutzten 42,7 Millionen der Deutschen das Internet (1998: 6,6 Millionen); 2007 betrug die „online-Zeit" 54 Minuten pro Tag (1997: 2 Minuten); Quelle ARD/ ZDF-Online-Studie · 7

48 % der Arbeitnehmer haben eine eigene eMail-Adresse; 76 % der Selbstständigen haben eine eigene eMail-Adresse; Quelle: Bitkom · 8

67 % der Nutzer sehen eMail als wichtigstes Kommunikationsmedium im Internet. 65 % gehen davon aus, dass dieser Rang auch in 5 Jahren noch gehalten wird; Quelle: Habeas · 9

B. Welche Entwicklung nehmen die Kanzleiarbeitsplätze und -methoden?

I. Mehr Flexibilität

Organisationspsychologen und Arbeitsmarktforscher haben eine feste Vorstellung von der Entwicklung, die die Arbeitsplätze in den Kanzleien nehmen werden. Sie gehen von einer hochflexiblen Organisation aus und von einer weit weniger festen Verbindung eines Arbeitnehmers an „seine" Kanzlei als heute. Sie sagen voraus, dass Arbeitnehmer mehr in Projektstrukturen arbeiten werden. Sie werden immer wieder zwischen Festanstellungen und selbstständiger Arbeit in Kanzleiprojekten wechseln. Sie wollen und werden in Teilzeitverhältnissen ebenso tätig werden wie in Zeitarbeit. Dabei werden sich die Mitarbeiter in den Kanzleien je nach gefragter Kompetenz immer wieder neu zusammenfinden, um eine bestimmte Leistung der Kanzlei an den Mandanten zu erstellen. Es wird auch weit weniger Präsenzarbeit in der Kanzlei geleistet werden, da für mehr Arbeit am häuslichen Arbeitsplatz. Auf die Spitze getrieben wird die Kanzlei ein Ort sein, der die Infrastruktur für notwendige Präsenzarbeit bereitstellt wie Besprechungsräume, Bibliothek, · 10

Sekretariat, Anlaufstelle für Mandanten, Verteilstelle für Papierpost und Relaisstelle für Eingangstelefonate. Damit werden Kanzleimitarbeiter, fest oder auf Zeit, sich mehr per eMail, Chatroom, sog. Collaboration tools oder Projektwerkzeugen abstimmen müssen als heute; eventuell kennen sich Mandanten und Mitarbeiter nur noch „virtuell". Die Organisation „weg vom Büroschreibtisch" findet in Mandantenbetrieben ebenso statt wie in Kanzleien. In seinem Buch „Morgen komm ich später rein" schildert Markus Albers die Regeln einer zukunftsgewandten Schreibtischarbeit. Er geht davon aus, dass die Informationsgesellschaft neue Regeln schafft, um sich von der Arbeitsorganisation der Industriegesellschaft zu lösen.

11 Eine solche Arbeitsorganisation bietet beiden Seiten Vorteile. Der Arbeitnehmer (oder auch der Auftragnehmer) arbeitet in Zeiten, in denen er leistungsbereit ist. Er nutzt produktive Hochphasen und arbeitet seine Aufgaben hocheffizient ab. Die besten Mitarbeiter, sog. high potentials, fordern von ihren potentiellen Arbeit- oder Auftraggebern neben herausfordernden Aufgaben eine freie Arbeitsumgebung, in der sie selbst das Umfeld der Leistungserstellung bestimmen, an ihren Interessen ausrichten können. Eine feste Arbeitszeit mit vorgegebenen Anwesenheitszeiten im Büro wünschen sie nicht als ihr einziges Arbeits-(zeit-)modell.

II.   Was sind die Treiber der Entwicklung?

12 Diese Flexibilisierung und Öffnung der Büroarbeitswelt wird von zwei Entwicklungen getrieben:
1. die Konkurrenz der Arbeit- oder Auftraggeber um die fähigsten Mitarbeiter
2. die Weiterentwicklung der Informations- und Kommunikationstechnologie

13 Die Erwartung gut ausgebildeter, leistungsfähiger und -williger junger Arbeitnehmer geht morgen nicht mehr auf einen lebenslangen Arbeitsplatz, auf vermeintlich sichere Beschäftigungsgarantien, Dienstwagen und Aufstieg in der Hierarchie mindestens nach dem Senioritätsprinzip, sondern auf ein ausgeglichenes Verhältnis von Arbeit und Nichtarbeit; auf einen guten Kompromiss zwischen Familie und Karriere und es werden abwechslungsreiche und herausfordernde Aufgaben erwartet, für die die Arbeitnehmer sich dann gerne auch über einen 8-Stunden-Tag hinaus einsetzen, wenn danach eine Zeit der Ruhe kommt.

14 Durch bezahlbare „always-on" Kommunikationsangebote schrumpfen räumliche Entfernungen und werden virtuelle Kanzleiarbeitsplätze möglich. Die morgendliche Fahrt ins Büro ist kein tägliches Muss mehr. Viele Aufgaben können von zu Haus aus erledigt werden und bringen damit die Erwartungen der morgigen Arbeitnehmer an den ausgleichenden Kompromiss zwischen Arbeits- und Nichtarbeitszeit in Einklang.

15 Die Leistungsgesellschaft, in der wir uns befinden, entwickelt sich ständig weiter. In Deutschland gibt es 39,8 Millionen Erwerbstätige; davon sind nur noch 20 % im produzierenden Gewerbe tätig (1991: > 36 %). Von 60 auf 72 % stieg der Anteil der Dienstleister im Kreis des Beschäftigten im Betrachtungszeitraum. Die deutsche Volkswirtschaft ist damit schon lange in der Dienstleistungsgesellschaft angekommen.

III.   Festanstellung vs. Projektarbeit

16 Die in dieser Arbeitswelt angebotenen Stellungen ändern sich; sie sind mehr „Jobs" als Festanstellung. Die Aufgaben laufen mit ihrer Erledigung aus, wenn sie nicht von vornherein zeitlich befristet sind. Angebote für einfache Tätigkeiten – und dazu gehören auch die Erfassungsarbei-

ten im Rahmen einer Auftragsfinanzbuchhaltung – werden seltener; sie werden leichter an andere Auftragnehmer verlagert, sie werden dazu standardisiert und damit wird ihre Leistung zu einem großen Teil austauschbar. Austauschbare Leistungen aber verlieren ihre Umsatzrendite. Was bleibt, sind daher Aufträge für sehr gut ausgebildete Mitarbeiter, frei oder fest angestellt. In der EU haben derzeit 80 von 210 Millionen Arbeitnehmern ein Beschäftigungsverhältnis, das eine sehr hohe Qualifizierung erfordert. Bis 2015 soll diese Zahl um mehr als 20 Millionen ansteigen und zugleich werden 8,5 Millionen Arbeitsplätze für gering qualifizierte Mitarbeiter abgebaut werden (Quelle: Europäisches Zentrum für die Förderung der Berufsbildung (Cedefop)).

Fach- und Führungskräfte werden weiterhin gefragt sein, da Spezialistenwissen und dessen Organisation immer mehr nachgefragt werden wird. Weitere Vorteile werden all jene Berufe haben, die bei Ausübung physische Anwesenheit erfordern, wie z.B. Pflege- und Erziehungsberufe oder Berufe im Gesundheitswesen. Ein besonderes Wachstum wird den sog. kreativen Berufen vorausgesagt und dazu gehören auch die wirtschaftsprüfenden, steuer- und rechtsberatenden Berufe. Einer Schätzung der Europäischen Kommission zufolge wird der Beitrag der kreativen Berufe zum deutschen Bruttoinlandsprodukt von zur Zeit 7 % auf 10 % steigen. 17

Das Arbeiten in Projekten verlangt eine völlig andere Arbeitsorganisation und damit auch andere Vergütungsmodelle als bisher. Die Mitarbeiter werden sich immer öfter in Teilprojekten und dazugehörigen Arbeitsgruppen wiederfinden. Ist die Aufgabe erledigt, werden die Projektteams aufgelöst und neu aufgestellt. 18

Es ist absehbar, dass die Arbeit in den Kanzleien sich sowohl weiter verdichten als auch noch mehr arbeitsteilig erledigt werden wird. Der Erwerb und die Aufrechterhaltung von Spezialistenwissen ist kostenintensiv und in Teilbereichen wie beispielsweise der Beratung im Steuerstrafrecht wirtschaftlich für eine einzelne Kanzlei kaum möglich. Dabei ist zu bedenken, dass die Kanzleien in Deutschland im Normalfall kleinteilig organisiert sind. 1 bis 3 Berufsträger mit jeweils ca. 3 Mitarbeitern. 19

IV.   Kooperation in Netzwerken

Die Komplexität der Beratungsanforderungen, nicht nur im Steuerrecht, zwingt zu verteilter Zusammenarbeit von Spezialisten. DB Research sagt voraus, dass Projektwirtschaft im Jahr 2020 einen Anteil von 15 % der deutschen Wertschöpfung ausmachen wird (2007: 2 %). Da keine Kanzlei von sich behaupten kann, immer die besten Ideen in den eigenen Reihen zu finden, ist Kooperation ein Zukunftsmodell gerade für kleine Kanzleien, die mit hoher Flexibilität und Geschwindigkeit Beratungsnischen besetzen können, wobei sie mit anderen Kanzleien ähnlicher Größe und Organisation kooperieren werden. 20

In dieser Welt der virtuellen Zusammenarbeit wird der „virtuelle Ruf" der Kanzlei und deren Mitarbeiter, freie oder feste, wichtig. In ständig wechselnden Teams kennen sich die Mitglieder nicht wirklich. Das Vertrauen in die Wahrhaftigkeit der Aussagen über angebotene Kompetenzen ist essentiell. Ohne guten virtuellen Ruf wird es keine Aufträge geben. Das bedeutet, dass neben der fachlichen und sozialen Kompetenz der Mitarbeiter auch eine Anerkennung der eigenen Leistungsfähigkeit aus virtuellen Präsenzen in im Internet vertretenen sozialen Netzwerken gegeben sein muss. Zwar werden solche Netzwerke wie XING in der überwiegenden Zahl der Fälle nicht beruflich genutzt. Das könnte sich aber bald ändern, denn der Bekanntheitsgrad im eigenen beruflichen Umfeld, die Art und Weise, wie man mit anderen kommuniziert, die Anzahl und die Wichtigkeit der eigenen „Kontakte" wird transparent und damit auch zu einem Preisbil- 21

§ 17 Zukunft der Büroarbeit

dungsfaktor in der Konkurrenz um Aufträge und Mitarbeiter. Zudem lassen sich mit Hilfe dieser sozialen Netzwerke Zusammenarbeit und Wissensaustausch ganz anders organisieren als heute. Video-Konferenzen und collaboration tools können das Gespräch von Angesicht zu Angesicht nicht überall ersetzen, es ist für den Aufbau von Vertrauen sogar unerlässlich. Bei einer zunehmend nach tagesaktuellen Daten verlangenden Mandantschaft lässt sich deren Forderung – ohne Reiseaufwand – aber nur erledigen, wenn solche Werkzeuge künftig vermehrt eingesetzt werden. Die Mitarbeiter, die das als Erste verstehen und entsprechende Kompetenzen erwerben, werden hier Vorteile erzielen; genauso wie die Kanzleien, die solche Angebote als Erste an ihre Mandanten richten.

22   Es profitieren hiervon alle: Die Mandanten werden schnell und zuverlässig mit tagesaktueller Beratung versorgt, die Mitarbeiter der Kanzlei steigern den Wert ihrer persönlichen Arbeitsleistung und erreichen die von ihnen gewünschte Balance zwischen Arbeit und Nichtarbeit und die Kanzleien steigern die Flexibilität ihrer Organisation; sie sparen Kosten für Büros und feste Belegschaften, denn von beidem benötigen sie künftig weniger. Feste Kräfte werden dann vornehmlich die Arbeit organisieren und Auftragspakete an Drittleister vergeben, die Ergebnisse entgegennehmen und für die Einhaltung der Qualitätsstandards der Kanzleien sorgen. Es wird weiterhin Kanzleien geben, aber weniger die Notwendigkeit, immer zu festen Bürozeiten die gesamte Mitarbeiterschaft zu festen Zeiten vor Ort verfügbar zu haben und jeden Mitarbeiter mit einem festen Arbeitsplatz, festen Arbeitszeiten und festen Arbeitsaufträgen auszustatten.

23   Auf diese Veränderung müssen Vergütungsmodelle ebenso angepasst werden wie Führungsleitlinien. Eine ständige Erreichbarkeit birgt die Gefahr, dass Berufs- und Privatleben so miteinander verschmelzen, dass es keine Ruhezeiten mehr gibt. Das wird die Kreativität der Mitarbeiter drastisch herabsetzen. Ein ständig empfangsbereites Mobiltelefon, eMails, die am Wochenende bearbeitet werden, Zugriffe auf Kanzleidaten zu jeder Tages- und Nachtzeit, Erbringung von Leistungen selbst im Urlaub, ... all das gehört dazu und ist für „Wissenswerker" Chance und Risiko gleichermaßen. Eine Vergleichzeitigung von Leistungen macht aber nicht produktiver, sondern führt zu Minderleistung und gesteigerter Fehleranfälligkeit. Das muss beim Management dieser Arbeitswelt bedacht werden. Der Patriarch, der von seinen Mitarbeitern alles weiß, hat dabei ebenso ausgedient wie der kennzahlenfixierte Vorgesetzte. Gefragt ist Führungspersonal, das mit neuen Kommunikationsformen umgehen kann und Führungsarbeit über Kollegialität erledigt, also moderiert.

24   Die Mitarbeiter, die die Kanzlei morgen beschäftigt, ziehen einen großen Teil ihrer Motivation aus Freiräumen und gegebener Verantwortung für ihr Projekt und weniger aus persönlicher Ansprache durch die Vorgesetzten. Sie sind eben weniger persönlich und dafür mehr digital erreichbar. Sie wissen, dass sie als high-potentials „knapp" sind. Ihre Vorgesetzten müssen diese Talente nicht nur ständig in den besten Teams zusammenstellen, sondern sie auch als interessierte Mitarbeiter oder Auftragnehmer halten. Kein Arbeit- oder Auftraggeber treibt den dazu notwendigen Aufwand für flexible, kreationsfördernde Arbeitsumgebungen in Projekten uneigennützig. Wer sich wohlfühlt, arbeitet freudiger, nötigenfalls länger und erzielt eine höhere Leistungsqualität. Das hat Auswirkungen auf die Vergütungsmodelle, die sich dadurch noch weiter hin zu einer Vergütung nach Anteil an der erzielten Wertschöpfung hin bewegen werden.

§ 18 Schlusswort

Dieses Buch wäre nicht möglich gewesen ohne die Hinweise, Anregungen, Hilfestellungen vieler Kolleginnen und Kollegen aus der Praxis. Ganz besonderen Dank möchte ich an dieser Stelle meiner Kollegin Gabriele Gründling sagen, die mich mit einem Forumsbeitrag im Forum des deutschen Steuerberaterverbandes www.stbdirekt.de darauf aufmerksam machte, dass es in der Praxis wenig hilfreiche Literatur zu dem schwierigen Komplex der Mitarbeiterführung gibt. Erst dadurch konnte ich feststellen, dass es sich um ein vielschichtiges Thema handelt und die größtmögliche Zufriedenheit aller Betroffenen nur aus einem System folgen wird, welches die Kanzleiziele einbezieht. Aus meinen vielen Kontakten zu Kollegen in Kanzleien aller Größenordnungen weiß ich, dass sich beinahe jeder schwer damit tut, seine eigenen Kanzleiziele schriftlich nieder zu legen, sie jährlich zu revidieren und sie dann den Mitarbeitern zu vermitteln. Ich hoffe sehr, dass dieses mit den in diesem Buch enthaltenen Handreichungen und Hinweisen leichter von der Hand geht. 1

Wenn Sie nach dem Lesen dieses Buches feststellen, dass ein wichtiger Aspekt nicht behandelt wurde oder dass Argumente noch verbessert werden können, dann bin ich für Ihre Anregungen stets empfänglich und dankbar. 2

Für die Zukunft wünsche ich mir die Zeit, ein Buch zu schreiben, welches das Thema „Mehrwert-Finanzbuchhaltung – eine Chance für den Steuerberater" behandelt. Nachdem es mir ein Bedürfnis war, den ratsuchenden Kollegen – innerhalb und außerhalb des Forums – Hilfestellung bei der Erarbeitung eines Vergütungssystems zu geben, weil ich deren Not in der Praxis kannte, ist es mir nun ein großes Anliegen, darauf hinzuweisen, dass der Steuerberater DER geborene Berater seines Mandanten ist, dass er aber ohne qualitativ hochwertige Buchführungsergebnisse nicht auskommt. Wenn damit in der Kanzlei künftig Geld verdient werden soll, dann geht das nur über einen Mehrwert, der dem Mandanten Nutzen bietet. Wie gesagt: Das ist ein anderes Thema für ein anderes Buch. 3

Allen, die sich an der Erarbeitung von Vergütungssystemen für ihre Kanzlei versuchen, wünsche ich gutes Gelingen. 4

Stichwortverzeichnis

fette Zahlen = Paragraph

andere Zahlen = Randnummer

A
Abschlagszahlung **3** 21 ff

Auswertung **9** 6

B
Balanced scorecard **3** 7 ff

Berichtswesen **15** 4 f

Budget **5** 1 f

E
Eigenbild **8** 1 f

Erfolgsbeteiligung **14** 6

Ergebnismessung **12** 3 ff

F
Flexibilität **17** 10 f

Führung **2** 29 f

- Führungseigenschaften **1** 20
- Führungserfolg **1** 18 f
- Führungsgespräch **1** 12 ff
- Führungsgrundsätze **16** 1 ff

G
Gehaltsgerechtigkeit **12** 11 ff

Gesprächsführung **8** 18 ff

J
Jahresgespräche **15** 10 ff

K
Kanzleileitung **16** 4 ff

Kommunikation **10** 1 ff

- Leistungserfassung **2** 25
- Leistungsmessung **2** 20 ff

M
Mandantenorientierung **16** 13 ff

Mitarbeiter **1** 7 f

- Beurteilung **2** 25
- Mitarbeitergespräche **6** 1 ff

Motivation **2** 1 ff, 17 f, **9** 1 ff

P
Personalmanagement **4** 7 ff

Personalstrukturen **7** 5 f

Planungshilfen **3** 1 ff

Pygmalion-Effekt **1** 4 ff

R
Risiken **13** 1 ff

S
Sondervergütungen **2** 2 ff

- Abfindung **2** 3
- Antrittsprämie **2** 4
- Bonus **2** 6
- Grundvergütung **2** 11

Stellenbeschreibungen **2** 31, **14** 11 f

T
Teamleiter **15** 6 f

U
Umsatzplan **11** 9

V
Vergütungsmodelle **13** 3

Z
Ziele **2** 1 ff

- Kanzleiziele **6, 11** 1 ff
- Zielannäherung **15** 1 ff
- Zielfindung **4** 1 ff, **11** 1 ff
- Zielvereinbarung **5** 3, **14** 1 ff
- Zielverfolgung **11** 14 ff

Printed and bound by PG in the USA